故事里的精神

李林宝 编著

人民出版社

目　录

二、社会主义革命和建设时期的精神故事

三、改革开放和社会主义现代化建设
新时期的精神故事

四、中国特色社会主义新时代的精神故事

前　言

伟大的事业孕育伟大的精神，伟大的精神推动伟大的事业。

2021年7月1日，习近平总书记在庆祝中国共产党成立100周年大会上的讲话中指出："一百年前，中国共产党的先驱们创建了中国共产党，形成了坚持真理、坚守理想，践行初心、担当使命，不怕牺牲、英勇斗争，对党忠诚、不负人民的伟大建党精神，这是中国共产党的精神之源。一百年来，中国共产党弘扬伟大建党精神，在长期奋斗中构建起中国共产党人的精神谱系，锤炼出鲜明的政治品格。历史川流不息，精神代代相传。我们要继续弘扬光荣传统、赓续红色血脉，永远把伟大建党精神继承下去、发扬光大！"[①] 这是习近平总书记首次提出伟大建党精神并作出深刻阐释。

精神对于一个人、一个政党、一个国家、一个民族都至关重要。人无精神则不立，国无精神则不强。唯有精神上站得住、站得稳，一个民族才能在历史洪流中屹立不倒、挺立潮头。同困难作斗争，是物质的角力，也是精神的对垒。在一百多年的非凡奋斗历程中，一代又

---

① 习近平：《在庆祝中国共产党成立100周年大会上的讲话》，人民出版社2021年版，第8页。

一代中国共产党人顽强拼搏、不懈奋斗，涌现了一大批视死如归的革命烈士、一大批顽强奋斗的英雄人物、一大批忘我奉献的先进模范，形成了伟大建党精神；井冈山精神、苏区精神、长征精神、遵义会议精神、延安精神、抗战精神、红岩精神、西柏坡精神、照金精神、东北抗联精神、南泥湾精神、太行精神、吕梁精神、大别山精神、沂蒙精神、老区精神、张思德精神；抗美援朝精神、"两弹一星"精神、雷锋精神、焦裕禄精神、大庆精神（铁人精神）、红旗渠精神、北大荒精神、塞罕坝精神、"两路"精神、老西藏精神（孔繁森精神）、西迁精神、王杰精神；改革开放精神、特区精神、抗洪精神、抗击"非典"精神、抗震救灾精神、载人航天精神、劳模精神、劳动精神、工匠精神、青藏铁路精神、女排精神；脱贫攻坚精神、抗疫精神、"三牛"精神、科学家精神、企业家精神、探月精神、新时代北斗精神、丝路精神。这些精神，集中彰显了中华民族和中国人民长期以来形成的伟大创造精神、伟大奋斗精神、伟大团结精神、伟大梦想精神，彰显了一代又一代中国共产党人"为有牺牲多壮志，敢教日月换新天"的奋斗精神。

党的二十大站在党和国家事业发展全局的战略高度，把"弘扬伟大建党精神"写进大会主题，强调要弘扬以伟大建党精神为源头的中国共产党人精神谱系。新征程上，我们要认真贯彻落实党的二十大部署要求，大力弘扬以伟大建党精神为源头的中国共产党人精神谱系，为全面建设社会主义现代化国家、全面推进中华民族伟大复兴提供强大精神支撑。

学习伟大精神，既应把握主要内涵、精神实质，也应了解相关故事、具体人物。任何精神都是在生动的社会实践中形成的，都是由一个个具体的人、一件件具体的事来体现的。故事中蕴含道理、体现精神。通过阅读伟大精神故事，既能了解我们党百年来走过的光辉足迹，也能把握伟大精神的外在表现，从一个侧面看清楚过去我们为什么能够成功、弄明白未来我们怎样才能继续成功，从而在新征程上更加坚定、更加自觉地牢记初心使命、开创美好未来。

有鉴于此，本书围绕党的百年奋斗形成的部分伟大精神，精心选取编写了近百篇简洁生动、可读性强、感染力强的小故事，用小故事解读大道理、小切口反映大主题。每种伟大精神用三个左右故事来从不同侧面体现和反映，以期让读者在具体事件中、动人故事中增强对各种精神的感性认识，加深对各种精神主要内涵的理解，从而更好地学习和掌握中国共产党人的精神谱系。

一、新民主主义革命时期的精神故事

　　新民主主义革命时期是我们党领导人民大众反对帝国主义、封建主义和官僚资本主义的时期。无数仁人志士为了理想义无反顾、前赴后继，抛头颅、洒热血，捐身躯、照汗青，新民主主义革命时期形成的伟大精神感天动地、永垂史册。

　　2021 年 7 月 1 日，习近平总书记在庆祝中国共产党成立 100 周年大会上的讲话中首次提出坚持真理、坚守理想，践行初心、担当使命，不怕牺牲、英勇斗争，对党忠诚、不负人民的伟大建党精神。《20 世纪初中国的播火者》《一双老木屐》《三次入狱斗志坚》从几个侧面体现了中国共产党的先驱们在伟大的革命斗争中形成的伟大建党精神。

　　井冈山是中国革命的摇篮，井冈山时期留给我们最为宝贵的财富，就是跨越时空的井冈山精神。2016 年 2 月，习近平总书记在江西调研考察时指出，我们要结合新的时代条件，坚持坚定执着追理想、实事求是闯新路、艰苦奋斗攻难关、依靠群众求胜利，让井冈山精神放射出新的时代光芒。《黄洋界保卫战》《有盐同咸，无盐同淡》《刑场血书撼天地》是井冈山精神的具体体现。

　　1927 年大革命失败后，中国共产党人继续高举革命的旗帜，领导发动土地革命和武装斗争，创建革命根据地，并建立了中华苏维埃共和国临时中央政府。苏区精神就是在苏区的开辟与发展、反"围剿"

斗争和中国共产党苏区局部执政的革命实践过程中形成的。2011年11月4日，习近平同志在纪念中央革命根据地创建暨中华苏维埃共和国成立80周年座谈会上的讲话中指出，在革命根据地的创建和发展中，在建立红色政权、探索革命道路的实践中，无数革命先辈用鲜血和生命铸就了以坚定信念、求真务实、一心为民、清正廉洁、艰苦奋斗、争创一流、无私奉献等为主要内涵的苏区精神。《谢大娘家的"天窗"》《腰缠万贯的"讨米人"》《强大的经济后盾》体现了苏区精神。

长征是人类历史上的伟大壮举，是中国共产党和红军谱写的壮丽史诗。2016年10月21日，习近平总书记在纪念红军长征胜利80周年大会上的讲话中指出，伟大长征精神，就是把全国人民和中华民族的根本利益看得高于一切，坚定革命的理想和信念，坚信正义事业必然胜利的精神；就是为了救国救民，不怕任何艰难险阻，不惜付出一切牺牲的精神；就是坚持独立自主、实事求是，一切从实际出发的精神；就是顾全大局、严守纪律、紧密团结的精神；就是紧紧依靠人民群众，同人民群众生死相依、患难与共、艰苦奋斗的精神。伟大长征精神是中国共产党人及其领导的人民军队革命风范的生动反映，是中华民族自强不息的民族品格的集中展示，是以爱国主义为核心的民族精神的最高体现。《娄山关大捷》《两株"毒"野菜》《"娃娃军"的长征》从几个侧面体现了长征精神。

延安——这座坐落在西北黄土高原的古老城市，因为在中国革命史上的神圣地位被永远载入中国革命史册。2020年4月，习近平总书记在陕西考察时指出，延安精神培育了一代代中国共产党人，是我们党的宝贵精神财富。以坚定正确的政治方向、解放思想实事求是的思想路线、全心全意为人民服务的根本宗旨、自力更生艰苦奋斗的创业精神为主要内容的延安精神是中国共产党人精神谱系的重要组成部分，是中国共产党人取之不尽、用之不竭的强大精神动力。《"三用"大衣》《山沟里能出马克思主义》《六条标准》是延安精神的体现。

2014年9月3日，习近平总书记在纪念中国人民抗日战争暨世界反法西斯战争胜利69周年座谈会上的讲话中指出，在中国人民抗日战争的壮阔进程中，形成了伟大的抗战精神，中国人民向世界展示了天下兴亡、匹夫有责的爱国情怀，视死如归、宁死不屈的民族气节，不畏强暴、血战到底的英雄气概，百折不挠、坚忍不拔的必胜信念。伟大的抗战精神，是中国人民弥足珍贵的精神财富，永远是激励中国人民克服一切艰难险阻、为实现中华民族伟大复兴而奋斗的强大精神动力。《徐深吉巧打"麻雀战"》《梁山歼灭战》《英雄母亲邓玉芬》从不同侧面体现了抗战精神。

红岩精神是在中共中央的领导下，以周恩来同志为代表的南方局老一辈无产阶级革命家、共产党人和革命志士，在抗日战争及解放战争中形成的革命精神。红岩精神有着极其丰富的科学内涵，包括：崇高思想境界、坚定理想信念、巨大人格力量和浩然革命正气。红岩精神是中国共产党优良传统和作风在特定历史环境中的体现，更是中华民族精神的展示和升华。《为六角钱作检讨》《红岩村的革命妈妈》《中国的丹娘》从不同侧面体现了红岩精神。

1948年5月至1949年3月，中共中央在河北省建屏县（今属平山县）西柏坡办公，在这里指挥了辽沈战役、淮海战役、平津战役，召开了具有深远历史意义的党的七届二中全会。在这样一个特殊而又重要的历史转折时期，我们党形成了以谦虚谨慎、艰苦奋斗、实事求是、一心为民为主要内容的西柏坡精神。《三盘菜和三顿饭》《"吃饺子"通知》从不同侧面体现了西柏坡精神。

东北抗日联军是在我们党领导下的一支英雄部队，在东北与日本侵略者进行了长达14年的艰苦斗争。抗联将士用鲜血和生命铸就了伟大的东北抗联精神，这就是：忠诚于党的坚定信念，勇赴国难的民族大义，血战到底的英雄气概。东北抗联精神是中国共产党人精神谱系的重要组成部分。《白山黑水铸忠魂》《智勇双全斗敌伪》《东北抗日联军歌集》等反映了东北抗联精神。

太行精神是在国家和民族处于危亡的关键时刻，中国共产党人领导太行儿女展现的不怕牺牲、不畏艰险的革命英雄主义精神，是在极其艰苦条件下展现的百折不挠、艰苦奋斗的精神，是为民族解放展现的万众一心、敢于胜利的精神，是为人民利益展现的英勇奋斗、无私奉献的精神。《一个很好的布尔什维克》《珍贵的全家福》《奇袭阳明堡》从几个侧面反映了太行精神。

在黄土高原丘陵沟壑间，险峻恶劣的自然环境和艰苦卓绝的革命战争，赋予吕梁儿女特别能吃苦、特别能战斗的英雄气概，铸就了伟大的吕梁精神。吕梁精神的基本内涵是对党忠诚、无私奉献、敢于斗争。《晋西游击队》《一场酣畅淋漓的包围战》《抗日烽烟中的"钢铁走廊"》体现了吕梁精神。

革命战争年代，百万沂蒙人民拥军支前，形成了以党群同心、军民情深、水乳交融、生死与共为基本内涵的沂蒙精神。沂蒙精神是山东人民在党的坚强领导下团结奋斗、开拓创新精神风貌的集中体现，是中华民族自强不息的强大精神力量。2013年11月，习近平总书记在山东考察时指出，沂蒙精神与延安精神、井冈山精神、西柏坡精神一样，是党和国家的宝贵精神财富，要不断结合新的时代条件发扬光大。《沂蒙六姐妹》《"沂蒙母亲"创办战时托儿所》《一场农民自发的浴血保卫战》体现了沂蒙精神。

1

20 世纪初中国的播火者

　　李大钊同志是中国共产主义运动的先驱，伟大的马克思主义者，杰出的无产阶级革命家，中国共产党的主要创始人之一。1917年，俄国十月革命胜利后，他积极撰写文章，相继发表《法俄革命之比较观》《庶民的胜利》《布尔什维主义的胜利》《我的马克思主义观》《再论问题与主义》等大量宣传十月革命和马克思列宁主义的著名文章和演说，阐述十月革命的意义，讴歌十月革命的胜利，旗帜鲜明地批判改良主义，积极领导和推动五四运动的发展。

　　1920年初，当时的北大学生朱务善，结识了北京大学图书馆主任李大钊，并在李大钊的帮助下，开始研究马克思主义和俄国革命经验。他曾在回忆文章中提到一件事：有一次，朱务善等人在北大开辩论会，辩论的题目是"社会主义是否适合于中国"，这次辩论持续了数日之久，参加的人都是北京各大学各专门学校的教员和学生，李大钊被邀请为辩论会的评判员。辩论会上，大家发言非常踊跃，最后听众都想听一听马克思主义专家的意见。李大钊沉着地走上讲台，手里拿着一页笔记大纲，用唯物史观的观点来解答问题。他说明了人类社会发展的规律，证明由资本主义到社会主义，正如封建社会因生产力的发展一定要转变为资本主义社会一样的必然性。他说，譬如雏鸡在孵化以前，尚在卵壳以内，到孵化成熟以后，雏鸡必破卵而出，此为必然之理。他最后指出，赞成派若是拿唯物史观的观点来解答这个问题，就比较容易驳倒反对派了。但社会主义必然到来，这并不是意味着工人阶级不要斗争就可以垂手等待社会主义的到来。李大钊说话时，声音不大，但在话语里却表现出一种高度的自信。闭会后，李大钊在这次辩论会上的结论，引起了大多数听众研究马克思主义的兴趣。此后，马克思主义研究会增加的会员达数十人之多。

李大钊一生致力于在中国介绍、宣传和研究马克思主义。习近平总书记曾评价他是"二十世纪初中国的播火者"。1927年4月，在反动军阀的白色恐怖中，李大钊同志在北京被捕入狱。他受尽各种严刑拷问，始终坚贞不屈、大义凛然。临刑前，面对反动派的刽子手，李大钊慷慨激昂："不能因为你们今天绞死了我，就绞死了伟大的共产主义！……我们深信，共产主义在世界、在中国必然要得到光荣的胜利！"他高呼"共产党万岁"英勇就义，时年38岁。

2

一双老木屐

在南湖革命纪念馆，陈列着一双老木屐。它的木底板和支架已破损变形了，鞋面也早已失了光泽，但它却是一份独特的历史见证，默默述说着它的主人——中共一大代表何叔衡走出家乡、献身革命的丰功伟绩。

何叔衡1876年出生于湖南宁乡，1920年冬他与毛泽东共同发起成立湖南长沙的共产党早期组织。作为"苏区五老"之一的谢觉哉于1921年6月29日写下日记："午后六时叔衡往上海，偕行者润之，赴全国○○○○○之招。"日记记下了何叔衡和毛泽东奔赴上海的时间，五个圆圈是为避免泄露所画，意为"共产主义者"。这一年，何叔衡已经45岁。人到中年、习惯于身着长衫的何叔衡，总是随身带着一双木屐，预备着抵挡前行路上的风雨。就这样，木屐陪伴着它的主人参加了党的一大。后来，这双木屐还伴随何叔衡去了桂林，在那里，何叔衡和孙中山、廖仲恺等人一起商议北伐取道湖南的事宜；伴随何叔衡在湖南马日事变爆发的次日，迎着敌人的屠刀赶赴长沙；此后的风雨路上木屐长伴身边，何叔衡却再也没回过家乡……

在中央苏区工作时，何叔衡审慎细致，实事求是，注重调查研究，对工作严肃认真、一丝不苟。比如，1932年，他审批瑞金县上报的"朱多伸案"就是采取慎重方针。朱多伸当时犯有一般刑事罪，瑞金县苏维埃裁判部决定判他死刑。何老经过实地调查核实，发现朱多伸只构成普通刑事案件，并非反革命罪，且朱组织过游击队参加革命，又年已 72 岁，因此由死刑改为"监禁二年"。

1935 年 2 月 24 日，步履蹒跚的何叔衡跟在一支正在行军的红军队伍里，一路从江西瑞金去往闽西山区。突然，身后传来枪响，紧接着，三面火光乍现，情急之中，队伍只能朝向唯一一面的山上撤退。战士们搀扶着腿部早已受伤的何叔衡艰难前行，年近六旬的他走到悬崖口时，他看向身边的战士："来不及了，快朝我开枪吧！"敌人的枪声越来越近，何叔衡望向身旁的悬崖，纵身一跃，用生命践行了"我要为苏维埃流尽最后一滴血"的誓言，时年 59 岁。

何叔衡穿过的这种木屐，在湖南一带曾经是家中常备。雨雪天里，人们可以不脱鞋袜直接穿上它就出门，不怕泥泞，不会打滑。木屐干燥又暖和，非常实用，这特点恰似它的主人，外表质朴、内心火热，顾全大局、忍辱负重，对党忠诚、不负人民，用一腔热血走出了坚定的信仰之路。

3

三次入狱斗志坚

邓恩铭是中共一大唯一的少数民族代表、山东党组织的缔造者和早期领导人。他1901年出生于贵州省荔波县玉屏镇水浦村一户水族家庭。1917年离开家乡来到济南，次年考入山东省立第一中学。1919年积极投身五四运动，站在斗争前列，成为山东学生领袖。

轰轰烈烈的五四运动，让邓恩铭看到了人民群众的力量，而俄国十月革命的胜利，则使他看到了马克思主义的威力，看到了中国的希望所在。他逐渐确立了马克思主义信仰。1921年，邓恩铭参与发起建立济南共产党早期组织。同年，他参加中共一大，见证了中国共产党的诞生，同时也开阔了眼界，更加坚定了对共产主义的信仰。

1922年1月，邓恩铭赴莫斯科参加远东各国共产党及民族革命团体代表大会。回国后，他积极从事工人运动。在邓恩铭等领导下，1925年2月，胶济铁路工会领导工人举行大罢工，威震千里胶济线，迫使铁路局答应了工人的部分要求。同年，他与王尽美等人组织领导了青岛日商纱厂工人同盟大罢工，形成了青岛历史上第一次罢工高潮。1925年5月4日，青岛反动政府当局拘捕了邓恩铭，并于5月11日将他赶出青岛。但他仍继续领导青岛的工人运动。

1925年11月，中共山东地方执行委员会在济南东关筹备纪念十月革命活动时，被敌人侦知，时任中共山东地方执行委员会书记的邓恩铭再次被捕入狱。在狱中，邓恩铭遭到敌人的残酷折磨，经党组织多方营救，才得以保外就医。1926年，青岛的党组织遭到很大破坏，亟待恢复和整顿。当年6月，他不顾危险，再次秘密回到青岛，主持市委工作。在极为困难的情况下，他迅速把青岛的党组织恢复起来。1927年4月，邓恩铭赴武汉出席中国共产党第五次全国代表大会。回到山东后，任中共山东省执行委员会书记。

1929年初，因叛徒告密，邓恩铭第三次被捕入狱。在狱中，尽管旧疾发作，身体虚弱，但他斗志不减，把监狱作为与敌人斗争的另一个战场，领导成立了狱中党支部，有计划地组织狱中党员和难友开展斗争。他组织领导了两次越狱斗争，使部分同志得以脱险。在越狱斗争中，他因受刑过重，行动困难，未能走脱。在预感到自己时日无多时，他强撑病体，给母亲写下令人动容的诀别诗："卅一年华转瞬间，壮志未酬奈何天。不惜惟我身先死，后继频频慰九泉。"

1931年4月5日，邓恩铭高唱《国际歌》从容就义，牺牲时年仅30岁。

4

黄洋界保卫战

在红军主力外出、敌军大举来犯的不利形势下，以少胜多，不但成功保卫了井冈山根据地安全，还一举击溃来犯敌军，探索了人民战争的宝贵经验，这就是黄洋界保卫战。

黄洋界是井冈山根据地的五大哨口之一，海拔 1300 多米，陡壁如削，险峻壮观，终年云遮雾锁，是大小五井通往宁冈的唯一通道。1928 年 7 月，中国工农红军第四军主力在湘南行动受挫后转移到桂东。时任红四军前委书记的毛泽东率领第 31 团第 3 营由井冈山赴桂东接应主力，第 32 团和第 31 团第 1 营留守井冈山。井冈山上兵力空虚，湘赣两省的敌人以为攻占井冈山的良机已到，当即纠集 7 个团的兵力，分两路进犯井冈山根据地。其中，湘敌 4 个团的主攻方向是黄洋界。

红军闻讯后，8 月 29 日，留守根据地的第 31 团团长朱云卿、党代表何挺颖和第 1 营营长陈毅安等，会同第 32 团和特委领导人，在大井召开连以上干部会议，讨论迎战方案。会议决定，第 31 团主力扼守黄洋界哨口，第 32 团把守八面山、双马石、桐木岭、朱砂冲四个哨口，并发动群众协同作战，骚扰敌人后方。会后，各方进入阵地，修筑加固工事。

8月30日清晨，黄洋界保卫战打响了。湘敌的两个团沿着陡峭的山路往哨口爬来。黄洋界仅有一条小路通向山顶，敌人摆不开兵力，只好排成"一字长蛇"，机枪盲目地向山上乱射。红军战士不忙于反击，等敌人距离只有30米左右时，指挥员大喊一声："打！"顿时，枪声大作，喊声震天，顺利打退了敌人的进攻，接着敌人又组织了两次进攻，都被红军打得落花流水。

军民们越战越勇，斗志越战越旺。党代表何挺颖和团长朱云卿来到阵地上，要求大家再接再厉，给敌人以更沉重的打击。在战斗最紧张的时刻，何挺颖命令几个红军战士从茅坪搬来一门刚修好的迫击炮，架在哨口，对准山下敌人指挥部所在地——源头村。

下午4点，敌人孤注一掷，在集中全部火炮向黄洋界轰击的同时，又一次发起冲击。关键时刻，指挥员命令炮手向敌人开炮。不料，由于存放时间太长，连续两发炮弹都失效了。炮手把最后一发炮弹擦了又擦，小心翼翼地装进炮筒。指挥员又喊了声："放！""轰"的一声巨响，炮弹在敌指挥所爆炸了。这时，红军阵地上吹响了冲锋号，各山头的革命群众，一边放起假机关枪（铁桶里放爆竹），一边用礌石滚木向敌群砸去。敌指挥官以为是红军大队回来了，当夜仓皇遁逃。黄洋界保卫战胜利了！

1928年9月，毛泽东在回师井冈山的途中欣闻黄洋界保卫战取得胜利，挥笔写下《西江月·井冈山》：

> 山下旌旗在望，
> 山头鼓角相闻。
> 敌军围困万千重，
> 我自岿然不动。

早已森严壁垒，
更加众志成城。
黄洋界上炮声隆，
报道敌军宵遁。

5

有盐同咸，无盐同淡

井冈山斗争时期，为了将红军困死在山上，敌人在各个要道拦路设卡，企图阻断井冈山与外界交换物资，尤其是食盐和药品。虽然如此，革命军民没有被吓倒，而是"有盐同咸，无盐同淡"，团结一致渡难关。

1928 年冬，红军将打土豪缴获的食盐分给村民。李尚发分到食盐后舍不得吃，偷偷将盐保存下来，以备红军不时之需。为了防止落到敌人手里，李尚发悄悄将盐埋在自家屋子后面的树洞里。1959 年，建井冈山革命博物馆时，李尚发才将盐取出捐给博物馆。

1929 年 1 月底，红 4 军主力下井冈山不久，守卫井冈山根据地的红 5 军和红 4 军第 32 团因寡不敌众，相继失守根据地五大哨口，国民党军队占领了井冈山根据地。红五军主力突围后，留下了少数红军隐藏在崇山峻岭之中，并且有不少是伤病员。国民党军队对各个进山路口严密把守。他们对来往山中的人员严格盘查，对疑为资助红军的嫌疑人员，不分男女老幼一律处以极刑。霎时间，白色恐怖笼罩着整个井冈山地区。

为了解决红军缺乏食盐的问题，当地干部群众想了很多办法，把盐藏在竹筒内、篮子底下、双层水桶底内等，但这些常被识破。敌人越查越严，不少群众因为给红军秘密"带盐"而惨遭杀害。

当时担任井冈山茅坪乡妇女委员会委员的聂槐妆想到一个给红军送盐的好办法：把盐化成盐水，然后把一件吸水性非常好的新棉夹衣放进盐水中，待衣服充分湿透后再把它烘干。聂槐妆穿着烘干后的棉夹衣，罩上一件新外套，挎着一个装有山货的竹篮上山了，俨然一副出门走亲戚的农村妇女打扮，通过了检查，成功地把盐送到红军手中。用这个办法，聂槐妆一个月内多次成功上山送盐，引起了敌人的怀疑。敌人对她严刑拷打，逼问红军藏身处，她毫不动摇、守口如瓶，最后被敌人枪杀，牺牲时年仅21岁。

6

刑场血书撼天地

刘仁堪,江西莲花县人,1928年春,奉命回莲花县恢复党组织,先后任中共莲花县特别支部宣传委员、农工部长。同年11月,任中共莲花县县委书记。

1927年9月,刘仁堪随毛泽东率领的秋收起义部队上井冈山,在军官教导队学习。

1929年1月,湘赣敌军对井冈山革命根据地进行第三次"会剿",以18个团的兵力分5路向根据地进攻,其中第3路集中在莲花。1月4日,井冈山前委在宁冈县柏露村召开会议,决定红四军主力出击赣南,红五军、红四军一部和各县赤卫队留守井冈山。会后,莲花赤卫队与红军固守井冈山黄洋界哨口。5月上旬,刘仁堪和县委妇运部长颜清珍秘密回县,途中到南村坳背宁家村共产党员宁志昌家歇脚,很快被劣绅朱协民侦知,即派人到县城报告。当晚,刘仁堪、颜清珍等四名共产党员被捕。

国民党莲花县县长邹兆衡听说捉到了共产党的县委书记,欣喜若狂,跑到监狱亲自给刘仁堪松绑,企图进行诱降,声称只要刘仁堪交出全县共产党组织及党员名单,交出红色独立团的枪支,就可免一死,还可封官晋爵。刘仁堪对其不屑一顾,严厉痛斥。国民党莲花县当局恼羞成怒，对刘仁堪施以各种酷刑，但他始终坚贞不屈，敌人一无所获。

1929 年 5 月 19 日，刘仁堪和颜清珍被反动派押送到县城南门大洲临时搭起的刑场。被折磨得体无完肤的刘仁堪登上台后，见台下密密麻麻地站着被敌人驱赶而来的群众，他决定抓住这个机会进行最后的斗争。刘仁堪向群众大声疾呼："乡亲们，国民党这些杀人魔鬼，疯狂不了多久，工农红军一定会打回来的！"

刘仁堪在刑场上慷慨陈词，气得国民党反动头目暴跳如雷，他们用匕首割掉了刘仁堪的舌头。鲜血，一滴滴坠落在行刑台上。刘仁堪醒来，拼尽力气，保持着青松般挺立的姿势，用脚趾蘸着鲜血，在地上写下"革命成功万岁"6 个鲜红的大字，壮烈牺牲，年仅 34 岁。

7

谢大娘家的"天窗"

1931年11月，中华苏维埃第一次全国代表大会后，毛泽东被安排在瑞金叶坪谢大娘家居住。这幢房子原来是谢姓地主的，被苏维埃政府没收后，分给了贫苦群众住。新主人也姓谢，是一位老大娘。红军住进来后，谢大娘就主动把房间让给了毛泽东居住和办公，自己则搬到了毛泽东住房楼下的房间里。每天，毛泽东安静地在楼上处理工作，谢大娘则安静地在楼下做家务。

转眼到了冬天，天气渐渐寒冷。一天晌午，毛泽东哈着气，从外面回来，看见谢大娘正坐在门口纳鞋底。这几天风大，门口更是寒冷。毛泽东疑惑不解，便上前亲切地问候说："大娘，天这么冷啦，您怎么还在门口做针线活呀？"谢大娘连忙站了起来，不经意地回答道："屋里太暗，不方便，门口亮堂些！"

毛泽东随即走进房间察看，发现房间内采光非常不好。毛泽东心里不由得暗暗自责。原来谢大娘把采光好的房间让给了自己，自己却没有及时发现。他默默地离开屋子，立刻去找管理处的同志商量，要为谢大娘解决采光的问题。

次日清晨，毛泽东叫工作人员买来了玻璃瓦，请来了泥木工，将谢大娘房间一侧的楼板撬开了一个1平方米大小的方孔，做成了一扇平躺式的"天窗",同时将"天窗"上方的屋面换成了玻璃瓦。瞬时,阳光便从玻璃瓦透过"天窗"照进了房间。至今,这扇奇特的窗户依然还保留着,成为人们探究当年苏区干群关系的一个独特"窗口"。

8

腰缠万贯的"讨米人"

1934 年 10 月，中央红军主力长征后，时任江西省苏维埃政府主席的刘启耀奉命留守苏区，坚持游击斗争。在一次战斗中，他不幸左胸中弹晕了过去。醒来后，刘启耀发现战友已经转移，他与组织失去了联系。这天夜里，他挣扎着爬回原来藏身的洞口，取出了埋在乱石堆中一个沉甸甸的小布包，原来这个布包里面装着 13 根金条和一批首饰、银元，那是组织上要他妥为保管的党的活动经费。

刘启耀下决心一定为党保管好这笔经费。在群众的帮助下，他化装成乞丐想往湖南方向追赶西移的主力红军。但湘赣边境敌人岗哨林立，盘查甚严，他只好隐姓埋名，在遂川、万安、泰和一带漂泊流浪。刘启耀吃尽了苦头，一路九死一生，但从未动用公款分文。

经过整整两年的苦苦探寻，刘启耀终于找到了同志。1937 年初，刘启耀与原杨赣特委书记罗孟文、特委宣传部长刘飞庭在泰和县成立江西临时省委。正当大家为活动经费发愁时，刘启耀撩开他的破烂衣衫，将那包金银拿了出来。会上的同志惊呆了，谁都没想到，瘦骨嶙峋、疾病缠身的刘启耀多年来竟然一直背着金条乞讨！大家对他保存党的经费的传奇经历无不由衷敬佩。

临时省委用这笔经费买了一栋房屋，以"赣宁旅泰同乡会"的名义，建立了省委秘密机关，部分剩余经费用于保释狱中的大批战友。由于残酷的斗争环境，刘启耀身患肺结核，却始终不肯花费分文去寻医救治。1946年1月，刘启耀弥留之际，他让人把他抬到"赣宁旅泰同乡会"的门前躺下，仰望延安方向，溘然长逝。

2019年5月，习近平总书记在江西考察时动情地讲述了这个故事。刘启耀宁可乞讨度日也不动用公款，蕴含着他崇高的理想追求。刘启耀以实际行动证明了他是一名信念坚定、清正廉洁的优秀共产党员，铸就了一座永远活在人民心中的巍峨丰碑。

9

强大的经济后盾

作为中央苏区的重要组成部分，以长汀和宁化为代表的闽西革命老区为中国革命作出了巨大贡献。这里物产丰富，为红军提供了足够的给养保障，是中央苏区的强大经济后盾。

闽西革命根据地建立后，红军依托长汀发达的工商业大力发展经济。这里曾诞生过红军的第一套军服，发放了红军的第一次军饷。当时，在20多个苏区县中，长汀的国有企业占了一半。这里设有红军被服厂、红军印刷厂、中华织布厂、红军斗笠厂、福建兵工厂以及造纸厂、炼铁厂等一批军需为主、兼顾民用的工厂，是中央苏区的经济中心。1937年，朱德在延安接受美国记者史沫特莱采访时，对长汀给予高度评价。

地处武夷山麓的宁化，历史上由于土壤肥力差且水利资源缺乏，严重制约农业的发展，当地农民只能以"地瓜当饭饱"。苏维埃政府发展农业、鼓励垦荒、整顿水利的措施，使当地农民焕发出极大的生产积极性。宁化原有荒田2万多亩，在苏维埃政府"完全消灭荒田"的口号下，大部分荒田迅速化为良田，粮食产量大幅度提高。中央苏区时期，宁化共筹集粮食20多万担，油菜6万多石，布草鞋20多万双，钱款54万余元和大量被装支援前线。

除了从经济上支持红军，苏区男子纷纷参加红军和调外工作，妇女充当起生产的主力军，通过组织耕田队、劳动互助社、犁牛合作社等方式，创造了农业生产的奇迹，出色地完成了支前任务。

当年，闽西苏区人民倾其所有，踊跃参与支前，为红军出发长征、顺利实现战略转移提供了坚实可靠的人力资源和物资保障。如今，闽西人民已经全面建成小康社会，闽西大地处处风展红旗如画。

10

娄山关大捷

距离贵州省遵义市北部 50 公里的大娄山，主峰娄山关海拔 1576 米，重崖叠峰，峭壁绝立。这里北接巴蜀，南扼黔桂，历来是兵家必争之地。

1935 年 1 月，中央红军第一次进占遵义。9 日，红 1 军团红 4 团利用娄山关东面可通桐梓的小道，以小部队迂回敌后，主力沿川黔公路由南向北进攻夹击娄山关之敌，顺利攻占关口，并攻下桐梓县城，确保了遵义会议的顺利召开。

遵义会议召开后，中共中央和中革军委决定北渡长江到四川与红四方面军会合，但途经习水土城（青杠坡）时遭到川军（刘湘部）阻截。由于土城战役的失利，29 日被迫西渡赤水（一渡赤水），改向敌人兵力薄弱的云南扎西地域集结。蒋介石又调集川、滇等省 40 万大军分七路迫近扎西。为迅速摆脱川、滇军追击，中革军委决定回师东进，二渡赤水，重占娄山关，再占遵义城。娄山关战斗的序幕从此拉开。

1935 年 2 月 24 日，中央红军攻占关北桐梓县城。中革军委决定，由红三军团军团长彭德怀、政委杨尚昆率部二克娄山关，接到命令后，彭德怀、杨尚昆决定用整编后 4 个团的兵力，夺下娄山关，为胜利占领遵义创造条件。当时，娄山关右翼的山都是悬崖绝壁，中间的马路被敌人用火力封锁了，而左翼的山虽然无路，但却可以向上攀爬。彭德怀在侦察敌情后决定，由左翼部队迂回到娄山关之敌的侧右背，主力则可夺取能够俯瞰娄山关的点金山。25日9时，先头部队在红花园与黔军第六团遭遇，敌且战且退至南溪口，抢占了关口东侧点金山一线。红3军团13团团长彭雪枫率部对点金山发起强攻，红10团从桐梓经洗脚溪由关西侧直插黑神庙，攻敌左翼，红11团和1军团一部又经关东侧石炭关至板桥断黔军退路，打击黔军支援部队15团。同夜，红12团接替与敌血战一天的红13团担任正面进攻。26日晨，盘踞在关南的黔军6团、15团向关口发起反攻，企图夺回失去的阵地，红12团、13团与敌人激战到下午，占领了关口。在红军的沉重打击下，黔军溃败，红军乘胜追击，再占遵义城。

娄山关战斗共歼灭和击溃国民党黔军3个团，是红军长征以来取得的第一个大胜仗，因此又被称为"娄山关大捷"。由于这一仗意义重大，毛泽东心情无比激动，在战斗结束不久挥笔写下气壮山河的《忆秦娥·娄山关》：

> 西风烈，
> 长空雁叫霜晨月。
> 霜晨月，
> 马蹄声碎，
> 喇叭声咽。
> 雄关漫道真如铁，
> 而今迈步从头越。
> 从头越，
> 苍山如海，
> 残阳如血。

11

两株"毒"野菜

长征期间，红军吃大米的机会很少。在川西北、黔藏地区，能找到的粮食主要就是青稞。有时军情紧急，一些部队带着没有脱粒磨粉的青稞，人和马吃下去都难以消化。长征中第一次、第二次过草地时，许多战士因误食有毒的野菜而身亡。1936年四五月间，红军准备三过草地。为筹备粮食，朱德专门请来当地人，询问周边有哪些可食用的野菜。在朱德带领下，野菜小组认识并收集了多种野菜，还为此专门办了一次野菜展览，让红军战士们排队参观，学习辨别什么样的野菜能吃，什么样的不能吃。

1936年7月初，北上的红2、红6军团在甘孜附近同红四方面军胜利会合，随即奉中共中央令与红32军合编为红二方面军。7月上旬，红二、红四方面军主力分三路陆续北上。红四方面军31军93师属徐向前指挥的中央纵队，7月2日从甘孜附近的炉霍出发。由于北上的目标明确，指战员们精神振奋，斗志昂扬。根据以前的经验，他们在甘孜地区做了一些准备。但荒无人烟、气候恶劣、沼泽遍布的茫茫草地，仍是一段充满艰辛和危险的征途。第三次过草地时，粮食异常缺乏，进入草地之初，每人每天还有二三两青稞面，拌上点野菜充饥，但不久就断了粮。前面的部队还能挖些野菜、草根充饥，后面的部队就困难了，可吃的灰条菜等野菜早就被采光了，许多战士因误食毒蘑、毒草中毒而死。

为了保证战士们的安全，宣传队采集了许多野菜的样品，到处向战士们宣传，哪些有毒哪些无毒。草地上有一种开黄花的小草，被战士们称为"黄花草"，虽然也有毒性，但食用后，没有生命危险。所以红军这次过草地时，主要用它充饥。战士们先将它放在水中煮沸，将水倒掉，再放清水煮，拌点炒面，吃起来有点苦味，吃后肚子有些胀，腿有些肿。就这样，有毒的"黄花草"成为战士们充饥的被迫选择。

1936 年 7 月的一天，部队来到葛曲河（白河）畔草原，开了一次大会，几位领导同志讲了话，大家深受鼓舞。93 师 274 团干事刘毅和几个战友一起采了"黄花草"充饥，并特意留下两株放在随身携带的小盒中珍藏。西安事变后，刘毅到陕西三原县做宣传工作。一次，在三原县中学进行宣传时，刘毅手捧这盒"黄花草"讲述了红军长征的艰难历程，并请师生们观看，大家深受感动。为了纪念长征胜利，刘毅一直把这两株"黄花草"带在自己身边。后来，他把这两株珍藏的"黄花草"捐赠给中国革命博物馆（现中国国家博物馆）。

12

"娃娃军"的长征

红25军是一支传奇的红军队伍。他们是五支长征红军中唯一一支在长征途中建立根据地的红军队伍，是唯一一支在长征途中人数不减反增的红军队伍，同时还是最早到达陕北、被毛泽东称赞为"中央红军之向导""为革命立了大功"的红军队伍。更让人吃惊的是，这样的不凡成就竟然是一群平均年龄不到20岁、被称为"娃娃军"的年轻人创造的。

1934年11月16日，红25军2980多人从河南罗山县何家冲出发开始长征。红25军几乎没有年龄超过18岁的战斗员，指挥员也都是年轻人。出征时，军长程子华29岁，军政委吴焕先27岁，副军长徐海东33岁。

出发后不久，红25军在河南方城县遭遇敌人埋伏，打出长征路上的第一场血战。

1934年12月4日，红25军长征到达卢氏县叫河（今属栾川县）一带。根据侦察报告，在豫陕交界的五里川、朱阳关一带，布满了国民党重兵，堵住了红军入陕之路。前有埋伏，后有追兵，左右还有夹击，红25军已经进入敌军布下的"铁桶阵"，情况万分危急。就在红25军首长绞尽脑汁寻找入陕之策时，一个货郎小贩告诉红军，还有一条很少有人知道的入陕小道。在他的带领下，红 25 军沿着一条“七十二道水峪河，二十里路脚不干”的深山峡谷，隐蔽前进。12 月 5 日晨，手枪团兵分两路：一路化装成老百姓，按选定路线先行出发，侦察敌情；另一路到朱阳关以东地区分散敌人的注意力。主力则直下大石河，在“堆堆石”上留下“杀上前去”的大字标语，赶往文峪。当晚，绕过卢氏城，一路西进。8 日，红 25 军从兰草直扑豫陕要塞铁锁关，出其不意地击溃守关敌军，胜利进入陕西省境内。1935 年 9 月 15 日，红 25 军到达陕西延川县永坪镇，与刘志丹率领的陕甘红军红 26 军、红 27 军胜利会师。毛泽东率中央红军主力到达陕北后，几次称赞徐海东和红 25 军为中国革命立下了大功。

13

"三用"大衣

在延安革命纪念馆，陈列着一件翻领、有腰带可系结的深褐色皮大衣，它的主人是周恩来。周恩来同志"三用"大衣的故事，彰显着老一辈无产阶级革命家艰苦创业、勤俭节约的优良作风。

这件皮大衣是1940年周恩来从莫斯科带回国内的。1939年7月，周恩来不慎从受惊的马背上跌落，造成右臂粉碎性骨折。由于当时延安的医疗条件有限，中央决定送周恩来到莫斯科治疗。治疗结束回国时，周恩来同志带回了这件大衣。

周恩来在延安时期时常穿这件皮大衣。1946年，周恩来就是穿着这件皮大衣赴重庆参加政治协商会议。1947年转战陕北期间，周恩来把这件皮大衣夏天当雨衣，晚上当被子，冬天当大衣穿，被称为"三用"大衣。1949年"进京赶考"后，皮大衣结束了陪伴主人南征北战的历史使命，周恩来先把它送给邓颖超穿到1956年，后又交给卫士长成元功保存。1964年8月5日，这件跟随周恩来24年的皮大衣被赠送给了延安革命纪念馆，并成为国家一级文物。

周恩来同志的节俭，不仅仅体现在皮大衣上，他一生艰苦朴素、亲民爱民，在其担任总理的26年间，总共只穿了三双皮鞋。

周恩来同志的这件"三用"大衣，体现着中国共产党人艰苦朴素的革命精神和勤俭节约的生活作风。今天，我们要继承这种优良传统，继续艰苦奋斗，为新时代增光添彩。

14

山沟里能出马克思主义

收入《毛泽东选集》第一卷的《实践论》，是毛泽东哲学思想的代表作之一，深刻论述了马克思主义的认识论，揭示了人类认识运动的基本规律。这篇著作写于全民族抗战爆发的前夜。当时，毛泽东同志作为党的领袖日理万机，但却夜以继日地撰写哲学著作。毛泽东同志在读苏联《政治经济学教科书》时曾回忆道："我们在第二次国内战争末期和抗战初期写了《实践论》、《矛盾论》，这些都是适应于当时的需要而不能不写的。"①

1935 年 1 月，中央政治局在长征途中举行遵义会议，事实上确立了毛泽东同志在党中央和红军的领导地位，开始确立以毛泽东同志为主要代表的马克思主义正确路线在党中央的领导地位，开始形成以毛泽东同志为核心的党的第一代中央领导集体，开启了党独立自主解决中国革命实际问题新阶段，在最危急关头挽救了党、挽救了红军、挽救了中国革命，并且在这以后使党能够战胜张国焘的分裂主义，胜利完成长征，打开中国革命新局面。这在党的历史上是一个生死攸关的转折点。

---

① 《毛泽东文集》第八卷，人民出版社 1999 年版，第 109 页。

遵义会议以后，教条主义、经验主义等各种主观主义错误思想仍然存在。一些人认为"山沟里出不了马列主义"。

为了反对这种错误观点，毛泽东同志到陕北后，结合中国革命的实践，努力搜集、研读马克思、恩格斯、列宁以及柏拉图、黑格尔、康德、卢梭等人的哲学书籍，美国记者斯诺说毛泽东同志读书达到了痴迷的境界。毛泽东同志经过认真准备后，1937年4月，应抗日军政大学邀请去给学员们讲授马克思主义哲学，专门撰写了讲授提纲《辩证法唯物论》，后来成为《实践论》和《矛盾论》的主要部分。

"你要知道梨子的滋味，就必须亲口尝一尝。"《实践论》用通俗直白的语言，揭示了"实践出真知"的伟大真理。毛泽东同志的哲学讲授不是从概念到概念的逻辑推演，而是通过中国革命实践经验、小说中的生动故事、日常生活俚语等来论述，使学员茅塞顿开、印象深刻。《实践论》为实事求是的思想路线奠定了哲学基础，在马克思主义哲学和中国哲学发展史上占有重要地位。

15

六条标准

延安时期，陈云担任中共中央组织部部长多年。这一时期是党的力量迅速发展壮大的时期。陈云为党员的党性教育问题花费了大量精力，为党的建设和组织的扩大作出了巨大贡献。

对新党员的教育，陈云特别强调遵守党的纪律的重要性。延安有个知识分子叫刘力功，1938年入党，在抗日军政大学学习过。当组织安排他去基层锻炼时，他不服从安排，坚持要进马列学院或回原籍工作，还以退党相威胁。组织上多次找他谈话并耐心进行说服教育，他却依然拒绝执行党的决定。最后，组织决定开除他的党籍。围绕这一问题，陈云于1939年5月底写了《为什么要开除刘力功的党籍》一文，深刻剖析这一典型事例，论述了共产党员要加强党性锻炼，特别是遵守党的纪律的极端重要性。在这一形势下，陈云"趁热打铁"，于同年5月30日写出了《怎样做一个共产党员》一文，概括出了一名好的共产党员的"六条标准"：终身为共产主义奋斗；革命的利益高于一切；遵守党的纪律，严守党的秘密；百折不挠地执行决议；做群众模范；学习。

陈云提出的关于共产党员的"六条标准"，是延安时期发展党员、进行党性教育的重要依据。很多老同志后来说，印象最深的是听陈云同志讲怎样做一个共产党员。《怎样做一个共产党员》最初刊登在中共中央机关刊物《解放》第72期上，后来被印成单行本，1943年又被编入解放社出版的《整风文献》，成为指导党的建设的重要文献。

16

徐深吉巧打"麻雀战"

抗日战争时期,"麻雀战"一词在太行山可谓家喻户晓。"麻雀战"是游击战的一种作战形式,与地道战、地雷战一样,是抗日战争中八路军和地方武装,在敌强我弱的条件下打击和牵制敌人的有效战术。1937年,在山西太古的范村战斗中,八路军129师771团团长徐深吉率部巧打"麻雀战",受到师长刘伯承的称赞。

范村位于太谷县城东北25公里,是个交通要道。1937年11月26日,太谷县城的日寇出动600余人,携带炮6门、汽车2辆,进犯范村。日寇没有侦察警戒,显然不把八路军放在眼里。

此前,徐深吉曾在七亘村、黄崖底两次战斗中与日寇交过手,初步掌握了日寇进攻的一些战术特点,他命二营八连对敌进行防御游击,以1排正面诱敌深入,2、3排则三人一组、五人一群,组成一个个战斗小组,分散埋伏在绵延的山坡上和道路附近,时聚时散,灵活机动地攻击敌人。他自己率二营主力在范村东面山梁上待机伏击日军。

当日军先头部队尾随一排接近八连的游击阵地时,部署在这一带的八路军几个伏击点同时猛烈射击,撂倒前面的四五个敌人,然后各战斗小组立即分散转移。日寇的骑兵迅速增援,见没有还击,就继续向范村方向推进。

徐深吉带领的 2 营主力组成的各战斗小组散布在范村东边的阵地上。待增援之敌进入伏击地带，徐深吉率先打响第一枪，接着，各战斗小组同时开火，撂倒一片敌人。遭到袭击的日寇组织火力还击。可八路军已隐蔽转移到了北田受村西边阵地。日寇见没有还击，又开始向前推进。

日寇先头部队追到北曲河村时，埋伏在北面山坡上的 8 连 3 排各战斗小组，居高临下，侧击谷底日寇。日寇先头部队和后续部队同时遭到打击，就这样，8 连 1 排牵着敌人的鼻子在山沟里转来转去，转了 10 余里。敌人晕头转向，想打又打不着，只能被动挨打。到下午 3 时，日寇无计可施，只好开始撤退。

经过 6 个小时的战斗，徐深吉率二营毙、伤日军百余人，击毁敌汽车 1 辆，2 营无一伤亡。战斗捷报送到师部，刘伯承称赞这是一次典型的消耗战，消耗了敌人，保存了自己。就像麻雀觅食，三五只、十几只，忽聚忽散，行动灵活。当敌人反击时，就立即撤离，隐蔽得无影无踪；当敌人撤退时，就呼啸而来，出其不意，一阵猛打。这就是有名的"麻雀战"。

17

梁山歼灭战

　　发生在水浒英雄故地的梁山歼灭战，是八路军 115 师东进支队在抗日战争初期创造的兵力与敌相当而武器装备处于劣势的情况下，全歼日寇一个大队的模范战例。

　　1939 年 8 月 1 日，日军第 32 师团以步兵、炮兵及伪军各一部，共 400 余人，从山东省汶上县城出动，向梁山地区进犯，八路军 115 师陈光、罗荣桓经过周密分析，决定歼灭该敌。8 月 2 日上午，日军到达梁山南面的前集村附近时，八路军担任诱敌任务的小分队对其袭击后迅速撤出了战斗。随后，敌沿梁山以南继续西进，进至马振扬村时，又遭到痛击，在此设伏的我军突然向日、伪军开火，歼其一部后即迅速撤离。敌人追至梁山，未见我踪影，随即命令其炮兵进行轰击。轰了半个多小时，未见还击，敌人便派出骑兵和伪军在附近进行搜索，结果一无所见，便进入独山村。日落后，我军一部迅速在梁山西南的胡坑村集结，进行战斗动员，部署了歼灭敌人的战斗任务。

　　晚 8 时许，攻击开始。我骑兵连首先从西北角冲进村子，十连从西南进击，运用声东击西的战术，抢占了乱石岗，迫使伪军大部投降。此时，其他连队也迅猛冲向敌人，枪弹、手榴弹的爆炸声响成一片。敌人被突然袭击搞得晕头转向，惊慌逃窜，乱作一团。稍后，敌人便组织兵力进行反扑，但都被坚守阵地的十连战士奋力打了下去。

次日拂晓，我军集中 10 余挺轻重机枪和掷弹筒于独山下，组成密集的火力网，居高临下，向龟缩在大车店院内的残敌猛烈射击。天亮时，日军只剩下 20 余名残兵狼狈逃窜。我骑兵连立即分头追击，逃跑的日军有的被击毙，有的被从高粱地里逮住，有的被群众抓获。至此，战斗胜利结束。这次战斗毙敌 300 余人，俘获日军士兵 24 名，缴获野炮 2 门、九二式步兵炮 1 门、掷弹筒 2 个、轻重机枪 15 挺、步枪 150 余支、战马 50 余匹……

梁山歼灭战粉碎了日军的"扫荡"，打击了日军的嚣张气焰，鼓舞了广大人民群众的抗日热忱，为巩固鲁西抗日根据地、开展游击战争奠定了基础。

18

英雄母亲邓玉芬

　　抗日战争时期，在北京密云涌现出一位伟大的母亲，她为抗战接连失去 6 位亲人，她的家成为八路军伤员的经常性住所，她把战士们当成自己的亲儿子，为他们烧水做饭、缝补衣服。这位坚强、善良的母亲就是邓玉芬。

　　1940 年，八路军 10 团挺进密云西部山区，开辟丰（宁）滦（平）密（云）抗日根据地。6 月，10 团组织游击队，邓玉芬和丈夫商量：咱没钱没枪，可是咱家有人，在打鬼子这件事情上，绝对不能含糊，就叫儿子打鬼子去吧！于是邓玉芬的大儿子任永全、二儿子任永水成为白河游击队的首批战士。9 月，三儿子任永兴受不了财主的欺压跑回家来，邓玉芬知道游击队正缺人手，毫不犹豫地又把三儿子送去了白河游击队。

　　儿子在外抗战，邓玉芬在家也闲不住。她承担起全部的家务活，让丈夫腾出空为八路军运军粮、背子弹、跑交通。当时，邓玉芬家是八路军和伤员们的经常性住所。邓玉芬为伤员喂汤喂水、精心照顾，把粮食省下来，自己以野菜充饥。每当伤病员痊愈离开，她都像送儿子出征一样，拉着手送出老远……

　　1942 年春，噩耗传来，丈夫任宗武和五儿子任永安被日军杀害，四儿子任永合被抓走。邓玉芬闻讯几次晕厥过去。然而，她没有被吓倒，更没有屈服。她对两个小儿子说："姓任的杀不绝，咱和鬼子拼到底！"她不分昼夜干农活，想着多打粮食支援部队。

1942年秋，大儿子任永全在战斗中壮烈牺牲；1943年夏，四儿子任永合惨死在鞍山监狱；1943年秋，二儿子任永水在战斗中负伤回家休养，因伤情恶化死在家里。接连的沉重打击，邓玉芬都挺住了。她积极支持抗日工作，把每个战士都当作自己的儿子。

1944年春，日军进行疯狂"扫荡"，百姓纷纷躲进深山。小六跑丢了，邓玉芬背着7岁的小七躲进一个隐蔽山洞，为了掩护藏在附近的乡亲和干部们，眼睁睁地看着幼子连病带饿死在怀里。她再也承受不住这巨大的打击，当即昏过去。醒来时乡亲们告诉她，敌人撤走了，小七埋在山坡上。邓玉芬扑倒在孩子的坟上失声痛哭……

邓玉芬告诉自己要坚强地活下去，她要亲眼看到胜利的那一天。1945年8月15日，这一天终于来到了。邓玉芬含泪告慰九泉之下的亲人，抗战胜利了！

1970年2月5日，邓玉芬因病逝世，享年79岁。临终前，她嘱咐公社干部和亲人："把我埋在大路边，我要看着孩子们回来。"

19

为六角钱作检讨

20 世纪 40 年代，董必武任中共南方局统一战线工作委员会书记、中共与国民党谈判代表，长期住在红岩村，同时承担了南方局很多具体事务。一天晚上，办事处的同志围坐在红岩村救亡室里开了一次特别的会议。这次会议是应董必武的要求召开的。会议开始后，董必武取下老花镜，翻开笔记本，认真地看了看大家，就开始作检讨。

原来，不久前，红岩村办事处招待所的所长把报账的票据拿给董必武签字。董必武翻看发票，都是买菜、买米、买煤、车票之类的日常开销，经审核后属于报销范围，就签了字同意报销。所长在报账的时候，办事处的出纳却发现有六角钱的车票是私人坐车，按规定是不能报销的。董必武又重新审查了一遍，认定那六角钱的车票确实不能报，便叫所长把六角钱的车票取出来。

这件事情完全是工作上的一个小失误，按理说，发现后纠正过来就行了，但董必武却没有这样看，而是要在办事处召开会议作检讨。董必武在会上和办事处的同志重申了艰苦度日的必要性，强调每一样东西都要从节约出发，不能铺张浪费，每分钱都要计划着用。

董必武检讨了自己的错误，认为自己审核发票时不够认真，把

不该报账的六角钱车票签了字报销。他说今后要从中吸取教训，严格
执行财务纪律，努力把今后的工作做好，也请同志们对他进行监督。

　　董必武检讨后，参加会议的同志纷纷作了发言。有的说，这件
事情并不是董老的错，董老也不必太苛求自己。邓颖超也在会上作了
发言。她对这件事进行了实事求是的分析，既强调了办事处的财务纪
律，同时也肯定了董老严于律己、对工作认真负责的态度。会议开得
既严肃又融洽，达到了目的。

20

红岩村的革命妈妈

在重庆，有这样一位传奇人物：毛泽东 1945 年到重庆谈判时，曾经邀她共进午餐；董必武 1946 年离渝东迁时，曾代表共产党赋诗答谢她；周恩来在新中国成立后，曾亲自提名她赴京担任全国政协委员；邓颖超 1985 年到重庆时，在她的墓前亲手献上一束鲜花。她就是抗日战争时期和解放战争初期中共中央南方局和八路军驻重庆办事处的房东——红岩女主人饶国模。

饶国模是重庆大足人，早年就读成都益州女子师范学校。20 世纪 30 年代初期，在重庆红岩嘴买下 300 余亩荒谷坡地，创办了刘家花园。1939 年春，中共中央南方局和八路军重庆办事处因躲避日军飞机轰炸和工作需要，想在重庆市郊选择一个地方，把城内的中共中央南方局暨八路军驻重庆办事处搬出。当时，办事处的同志找到了红岩村这个地方，觉得此地距市区 10 里，地势比较隐蔽，适合作为办公处所。于是，办事处的同志找到了当时红岩村刘家花园主人饶国模，饶国模欣然应允。她在自己的农场里以自己建房为名义，为八路军重庆办事处垫了部分资金，建成南方局和八路军重庆办事处大楼。后来她又拨地让八路军办事处种菜，让出房屋和土地为办事处建招待所、托儿所、疗养院、球场等。

皖南事变后，八路军办事处与延安交通中断，经济十分困难。

饶国模除拿出自己的积蓄外，还四处借贷，全力支持办事处的工作。中共南方局和八路军办事处迁来红岩嘴，饶国模就尽力地贡献自己的力量支持共产党。周恩来曾经评价饶国模："为革命做了许多工作，应该得到肯定，受到鼓励。"邓颖超曾说："当年，饶国模把我们南方局和办事处的生老病死都管完了。"

1946 年 5 月，中共南方局和八路军办事处迁移南京，董必武感谢饶国模对共产党的支持，赋诗致谢："八载成功大后方，红岩托足少栖皇。"[1] 简洁的诗句表现出共产党人对饶国模的深切感激。董必武亲笔书写了"大有农场"牌坊，给红岩留下墨宝。这是红岩村里又一珍贵的革命文物。

办事处迁移后，饶国模将房屋给陶行知的育才学校使用。红岩又成为川东地下党的秘密据点。1948 年，华蓥山武装起义失败后，饶国模掩护了大量的游击队员。1947 年，国共和谈彻底破裂后，饶国模坚定地向地下党中共重庆市委妇委书记胡其芬提出申请，要求加入中国共产党。市委常委李维嘉代表市委批准了饶国模的申请，并分配她担任重庆市妇女联谊会理事。胡其芬没来得及告诉饶国模就被捕了，饶国模失去了与党的直接联系。

新中国成立前夕，饶国模成为国民党通缉的对象，在地下党的帮助下，她到铜梁老家避难，直到重庆解放了，饶国模才回到重庆。1950 年 7 月 1 日，饶国模将自己经营多年的房产和土地捐赠给国家。同年，在西南人民革命大学的开学典礼上，邓小平盛赞饶国模是"红岩村的革命妈妈"。

---

[1] 《董必武诗选》（新编本），中央文献出版社 2011 年版，第 177 页。

21

中国的丹娘

"红岩上红梅开，千里冰霜脚下踩"，这曲经典的《红梅赞》歌颂缅怀的是一朵永不凋零的铿锵红梅——江竹筠。

江竹筠 1939 年入党投身革命，她沉着机敏，工作能力出色，关心体贴同志。1940 年，她担任中华职校及附近地下党组织的负责人，开展秘密工作。1941 年皖南事变后，她接到任务在学校散发印有八路军和宋庆龄、柳亚子等人声明的传单，使国民党对新四军的污蔑落空。从中华职校毕业后，江竹筠被安排到宋庆龄、邓颖超领导的妇女慰劳总会工作。

1947 年 7 月，江竹筠负责《挺进报》的联络和发行工作。1948 年 6 月 14 日，由于叛徒出卖，江竹筠在四川万县（现万州区）被捕。敌人将她及同志们关进渣滓洞监狱。

特务在提审江竹筠时，开始时一连提了 10 多个问题，江竹筠都不回答，后来干脆沉默。特务对江竹筠使用酷刑。夹竹筷子，用老虎凳，江竹筠多次痛得昏死过去，又被凉水浇醒。

江竹筠的坚贞不屈感动了狱中难友，他们自发地秘密展开了慰问活动，并亲切地称之为"江姐"。慰问品有小小的罐头、几滴鱼肝油乃至半个烧饼，更多的则是难友们用竹签子蘸着红药水或自制炭黑写在黄色草纸上的诗和慰问信。江竹筠的坚贞不屈和英勇斗争，激励了整个渣滓洞监狱的难友，使全体难友更加坚定了革命意志，凝聚力也空前增强。为鼓舞狱中战友的斗志，她提出"坚持学习、锻炼身体、迎接解放"的口号。

江竹筠用钢铁般顽强的斗争意志和冰雪般纯洁的革命信念守护党的机密，被狱中难友称为"中国的丹娘"。她在回复难友们的慰问信中写道："竹签子是竹子做的，共产党员的意志是钢铁！"身陷囹圄的她未曾想过退却，始终相信胜利一定会到来。她鼓励大家加强学习，同狱中革命者将《新民主主义论》和《论共产党员的修养》的主要内容默写下来，组织开展多次大规模集体斗争，打击了反动派的气焰。

1949 年 11 月 14 日，江姐梳好头发，身着被捕时的蓝色旗袍和红线衣，从容走向刑场，高呼："中国共产党万岁！打倒国民党反动派！"在歌乐山电台岚垭刑场英勇就义，年仅 29 岁。

22

三盘菜和三顿饭

毛泽东到西柏坡以后，更加严格要求自己，提出了加强纪律性的口号，更加严格约束自己，提出了集体领导、加强党委制的决定。主席身边的工作人员看到他办公室里的灯光经常彻夜不息，很是担心他的身体健康，为了改善主席的伙食，同志们多次提出要提高伙食标准，但是主席没有因为自己地位特殊，就随意提高待遇。

一天，食堂管理员老早就起了床，通知炊事员休息一天，整理个人卫生，毛主席的饭则由他来准备。管理员来到伙房，把头天买好的红辣椒、白豆腐、绿菠菜拿了出来，一样样洗干净。毛主席的警卫员小马来到伙房打水，管理员把小马喊了过去，两个人商量多给主席做个菜。

炉火烧旺后，管理员熟练地炒起菜来。一会儿，小马来端饭了，他见管理员一共做了三个菜：麻辣豆腐、菠菜拌粉丝和肉炒小油菜。

小马把饭菜端走了，管理员的心却悬了起来，他怕毛主席让小马把菜退回来。10分钟过去了，20分钟过去了，小马没回来，管理员的心渐渐踏实了。他心想："以后就用这样的办法，得空儿就给毛主席改善改善伙食。"等小马端着碗筷回来，管理员看没剩回菜来，心里乐了，边接碗筷边说："你的任务完成得好，我做菜，你端菜，虽说多费了一道手，可毛主席总算把菜吃了。"

小马嘴一咧，说："啊！你还以为主席把菜吃了！你数数有几个盘子？"

管理员愣住了，忙问："怎么就有一个盘子，那两个呢？"

小马说："那两个菜还在桌上摆着呢，主席一口也没吃。"

管理员听到这里，拉上小马就朝毛主席的房间走。毛主席已经开会去了，只见桌上放着那两个菜。

原来，毛主席见多了两个菜，就问是不是来了客人，小马说没来客人，又问是不是今天大家都改善，小马说不是。他说那为什么要多做两个菜，小马只好说了实话。主席听后笑了，对小马说，本应立即把多做的两个菜给伙房退回去，但管理员和同志们准不满意，那就别退了。告诉管理员，中午和晚上就不要做菜了，把两个菜热一热，一顿吃一个就行了。

23

"吃饺子"通知

在石家庄档案馆保存的史料中，有一份关于"吃饺子"的通知："一二三四区长：旧年将至，贫民中可能有一部分人没有吃的，希各区很好调查一下，由库存的粮食中（过去贫民会查封的）拨出一部发放，务使这些贫民过年能吃到饺子。特此通知。"这份文件是共产党与群众心连心、同甘苦、共命运的生动写照。

1947 年 11 月 12 日，中国人民解放军经过六昼夜奋战，解放了华北重镇河北石门（1947 年 12 月 26 日更名石家庄）。解放之初，由于国民党政府以往的欺压盘剥，石家庄百业萧条，民不聊生，大批失业工人和市民到了家无隔夜粮的地步。让市民吃饱饭，成了石家庄市政府的当务之急。石家庄解放后短短几天，政府紧急调运大批粮食进市，为饥民发放救命粮。焦炭厂的出炉工、铁路大厂的修理工、纺纱厂的挡车工、街头的艺人、失业的贫民，都领到黄澄澄的小米，冷了多日的锅灶重现了炊烟。处于生死线的人，最先感受到了人民政府对他们意味着什么。

转眼，1948 年春节就要来临。吃饺子，是春节必不可少的传统。可是对于当时刚刚从战火中走出来的石家庄老百姓而言，吃饺子却是一种奢望。为了让老百姓过年能吃到饺子，过一个温馨、祥和的新春佳节，1948年2月1日，在市政府简朴的办公室里，时任市长柯庆施亲手签发了故事开头提到的"吃饺子"通知。通知发出后，石家庄全市上下立即行动，几天时间为贫苦市民每人发放1斤白面、若干小米及零花钱，共计发放白面3069斤、小米18402斤、款1111万9千元（旧币），使4900余户贫苦市民家庭吃上了饺子。

"让老百姓过年都吃上饺子"会写进政府的正式文件中，这是开天辟地第一次，反映了我们党全心全意为人民服务的宗旨。

24

白山黑水铸忠魂

著名的抗日民族英雄、东北抗日联军主要创建人和领导人之一杨靖宇，原名马尚德，1905年生于河南省确山县的一个农民家庭，1932年赴东北领导抗日武装斗争时改名杨靖宇。

在吉林，杨靖宇整顿和重建中国工农红军磐石游击队和海龙游击队。后来，这两支部队发展成为抗日战场的劲旅——东北抗日联军第一路军，杨靖宇担任总司令兼政治委员。他率部长期转战，打击日、伪军，威震东北，有力地配合了全国的抗日战争。中共六届六中全会曾致电向以杨靖宇为代表的东北抗日武装表示慰问，称之为"冰天雪地里与敌周旋7年多的不怕困苦艰难奋斗之模范"。日、伪军将东北抗联特别是其主力第一路军视为眼中钉、肉中刺。

1939年冬，大雪封山时，因敌人追踪雪地的脚印和炊烟，部队又衣食无着，杨靖宇决定分散突围。最后，他带60余人东进。因有一个参谋叛变，他的行踪暴露。经过激战，他身边只剩下两个人。

1940年2月18日，由于断粮数日，两名警卫员下山买粮时不幸遇难，敌人从警卫员的遗体上搜到杨靖宇的印章，估计他就在附近的山上，于是严密封锁各条道路。1940年2月23日，敌人在濛江县保安村三道崴子包围了杨靖宇。

在重兵的层层包围下，在敌人和叛徒的劝降声中，杨靖宇毫无惧色，不停地用手枪向敌人射击。

杨靖宇被敌人射中胸膛后，仍持平手中的匣子枪，厉声怒斥："谁是抗联投降的，滚出来，我有话说。"说完，高大的身躯便仰面倒在一棵大树旁。

杨靖宇牺牲后，敌人把他的遗体运到山下，令医生剖腹检查。结果发现，他的胃饿得变了形，里面一粒粮食也没有，只有尚未消化的草根、树皮和棉絮。杨靖宇身上坚贞不屈、敢于斗争、不怕牺牲的大无畏气概已经成为伟大东北抗联精神的一种象征，激励我们奋勇前进。

25

智勇双全斗敌伪

柴世荣是东北抗日联军第五军的主要领导者之一。从 1931 年起，他奋起抗日，战斗足迹遍及黑龙江、吉林两省东部地区，为抗日救国身经百战，作出了巨大贡献。

柴世荣是一位智勇双全的军事指挥员。他手操双枪，英勇善战，作战时总是冲锋在前、退却在后。他的指挥才能和战斗佳话，在抗日部队和当地人民中广为流传。

1937 年 2 月下旬，据群众报告，驻扎在后刁翎地区的日本守备队和伪军拟向林口转移，柴世荣经过分析，断定敌人是运输军事物资。于是，他把部队埋伏在敌军必经之路，形成一个口袋，诱使日、伪军的爬犁队全部钻入我伏击圈。经过激战，全歼了敌人，缴获了敌军全部武器和辎重。之后，柴世荣又决定乘胜出击，消灭盘踞在前刁翎的敌伪军。前刁翎是个交通要冲，一个营的伪军分驻三处。柴世荣等同志经研究，制订了一个周密的歼敌计划：先攻占伪军营部首脑机关和另一个较弱的据点，然后合围较有战斗力的第三个据点。对各个点的进攻，又采取了不同的方法。这一仗，共消灭日军 20 余人，俘虏伪军 440 余人，缴获大批军用物资。

柴世荣很重视对伪军实行分化瓦解的政策。1937 年，他利用全国民众的抗日热潮，在大量工作的基础上，通过第一师参谋长张振华，成功地策动了三道河子伪森林警察大队的武装起义。这次起义的成功，不仅沉重地打击了敌人，而且带动了依兰县伪 38 团和 29 团的起义，对迅速扩大抗联力量、动摇伪军军心，起了很大作用。

柴世荣采取了灵活机动的对策应对日寇。1938 年，当部队主力避敌锋芒、转战他地时，他把队伍编成小股，打"麻雀战"，确定活动区域和补充给养的办法，让战士和敌人捉迷藏，使敌人感到"瞻之在前，忽焉在后"，无所用其技。一次，敌人对部队所在地大举进攻，他命令部队将给养准备充足并妥善埋藏好，然后将部队拉到其他地方活动。当敌人扑了空，一无所获地退去后，柴世荣又把队伍拉回原地，安全地度过了一冬。柴世荣率领的部队纪律严明，仗打得也漂亮，在群众中威望很高。

26

《东北抗日联军歌集》

东北抗日联军不仅是一支战斗力很强的部队，同时也很注重政治、文化教育和宣传工作。部队中有许多从山海关内流传过来和官兵自己创作的抗日歌曲。指战员们高唱这些抗日战歌，极大地鼓舞了士气。

在黑龙江省东北烈士纪念馆有一本《东北抗日联军歌集》，是东北抗日联军第三路军保存下来的珍贵文物之一。收入这本歌集的歌曲有《国际歌》《义勇军进行曲》《救亡进行曲》《露营之歌》《爱我东北》《全国抗战歌》《男儿从军》《红旗歌》《新女性》《少年先锋队》《九一八事变》《抗日先锋》《第三路军成立纪念歌》《上前线歌》等。

1940 年春，为了适应抗日斗争形势发展的需要，进一步提高军政干部的政治、军事素质，中共北满省委和东北抗联第三路军总指挥部决定，在朝阳山根据地开办军政干部短期训练班。训练班由总指挥张寿篯（即李兆麟）和北满省委委员张兰生亲自主持和讲课。他们讲授马列主义原理、辩证唯物主义和历史唯物主义，讲解与日本侵略者进行长期游击战争的战略战术。

当时，抗日队伍所处的环境非常困难，日、伪军对抗联部队不断进行封锁，部队弹药、粮食、药品等都十分缺乏。为鼓舞部队斗志，发扬革命乐观主义精神，总指挥部机要秘书兼电台台长崔清洙把当时在部队中传唱的抗日歌曲汇集起来，亲自刻写钢板蜡纸，油印，装订成数十本并分发给参加训练班的干部和总部教导队的战士，并教大家学唱，这些革命歌曲很快在部队中传唱开来。

《东北抗日联军歌集》就是当年崔清洙烈士编辑的，由参加训练学习的教导队女战士李敏保存下来。她一直带在身边，直到抗日战争胜利。1948 年 10 月 10 日，东北烈士纪念馆建成开馆。时任北安军区警卫连指导员、党支部书记的李敏应邀出席了东北烈士纪念馆开馆仪式，并见到了东北烈士纪念馆负责人。李敏想到她保存的这本《东北抗日联军歌集》很有教育意义，决定捐献给东北烈士纪念馆。10 月 17 日，李敏把此歌集交给纪念馆，并在歌集封面右下角写上"李敏存已八年之久"作为纪念。

27

一个很好的布尔什维克

叶成焕是河南新县人，1914年生，1929年参加革命，同年加入中国共产党。1930年参加鄂豫皖红军，先后任指导员、营政委、团政委、师长、师政委等职，率部屡建战功，是红四方面军的一员猛将。抗日战争爆发后，任八路军129师386旅772团团长，率部先后参加了长生口、神头岭、响堂铺等著名战斗，为129师在全民族抗战初期的"三战三捷"作出了重大贡献。

1938年4月初，日军调集3万余人的兵力分9路向晋东南大举进犯，遭八路军顽强抗击。叶成焕率772团等部为左纵队沿浊漳河北岸山地实施追击。16日清晨，叶成焕率领战士们急行军一整夜，来到了武乡以东长乐村，在这里，他们截住敌人，发起攻击。敌人见去路被断，便组织火力冲击772团阵地。叶成焕率领772团与其他部队一起将日军截成数段，压缩到狭窄的河谷里。至17时，被围困的日军基本被歼灭。

这时，又有千余敌人从辽县来援。鉴于全部歼灭该敌已无把握，129师师长刘伯承决定以一部分兵力迷惑牵制敌人，主力立即撤出战斗。叶成焕接到命令后，一面指挥部队打扫战场，迅速撤离；一面跑上一个高坡，观察敌人增援部队的情况，突然，一颗子弹射中了他的头部。当战士们抬着他后撤时，他留下的最后一句话是："队伍，队伍呢？"18 日凌晨，叶成焕壮烈牺牲，年仅 24 岁。

朱德总司令特地从八路军总部赶来，向这位著名战将的遗体告别。刘伯承在追悼大会上说，叶团长参加革命后，党培养了他，他没有辜负党的教育，终于成为一个很好的布尔什维克！

28

珍贵的全家福

1939 年 4 月，八路军副参谋长左权将军与刘志兰结婚。两人的女儿左太北于 1940 年 5 月出生，当时左权正忙于战事，他从不向家人谈起自己的难处，为了不影响别人休息，左权一家从司令部搬出来，住进了一间废弃的奶奶庙。

1940 年 8 月，妻子刘志兰便要抱着襁褓中的小太北回延安了，临别时，刘志兰提议："来一张全家合影吧，恐怕很长一段时间要见不上面了。"一向少言寡语的左权非常高兴地答应了。照片中，威武刚毅的父亲露出了难得的笑容，年轻漂亮的母亲一脸幸福，依偎在父亲温暖怀抱中的孩子更是悠然自得。然而，谁也没有想到，这一次合影竟成了他们永久的诀别。两年后，左权将军牺牲在清漳河畔，将自己的一腔热血倾洒在了太行山上。

1942 年 5 月，日军纠集 3 万余重兵向八路军总部所在地山西辽县麻田镇扑来，当时八路军只有一个不到 300 人的警卫连和缺乏武器装备的后勤机关人员。5 月 22 日傍晚，八路军副总司令彭德怀和左权、罗瑞卿等研究决定 24 日星夜组织人员突围。24 日傍晚，八路军首脑机关被迫踏上了突围的道路，左权率领警卫连一次次击退了日、伪军的疯狂进攻。25 日中午，总部作战科科长唐万成返回，告诉左权首脑机关在他们的掩护下，已顺利跳出敌人的合围圈，总部命令他立即撤退。在这生死存亡的紧要关头，左权毅然选择了断后掩护部队撤退，他鼓励大家："冲出山口，就是胜利，就是太行山压顶，也绝不能弯腰！"太阳偏西时，敌人发起又一次的狂轰滥炸，左权突然看到五名机要科八路军小译电员背着重要的机密文件正向山口爬去。他顾不得个人的安危，爬上山石，高声呼喊："小鬼，飞机来了，快卧倒！"同志们都卧倒了，而他却被炮弹击中头部，献出了年仅 37 岁的生命。

噩耗传到延安，朱德总司令特意找到左权将军的妻子刘志兰同志，含泪挥毫写下了千古绝句："名将以身殉国家，愿拼热血卫吾华。太行浩气传千古，留得清漳吐血花。"

29

奇袭阳明堡

1937 年 10 月 20 日，山西忻口国民党军队的阵地上突然没有了日军飞机的轰炸，当听说是八路军袭击了日军机场，机场飞机全部被毁时，阵地上顿时一片欢腾。这就是抗日战争史上著名的战斗——奇袭阳明堡。

1937 年 10 月，日军 5 万人马兵分两路钳击太原，八路军 129 师 769 团，很快于 10 月 16 日到达阳明堡以南的苏龙口刘家庄地区，发现日军从阳明堡机场轮番出动飞机轰炸忻口、太原的国民党军。在考察地形时，769 团团长陈锡联遇到了一位从机场里逃出来的老乡，得悉了日军飞机的活动规律和机场警卫情况：守卫部队是日军某师团的一个联队，大部分住在阳明堡镇，机场里只有约 200 人的警卫部队和地勤人员，飞机集中排列在警卫部队的东南侧，仅有一些简单的掩体和掩蔽部。

陈锡联召集全团干部开会，大家一致认为打掉这个机场没有问题。机场日军虽然不多，但是附近的日军数量却不少，所以陈锡联让 3 营作为突击队担负摧毁阳明堡机场的关键任务，1 营、2 营各一部破坏阳明堡机场附近的公路和桥梁并牵制和阻击来援的日军，团迫击炮连和机枪连在滹沱河东岸占领阵地，随时增援 3 营。

　　3 营是 769 团战斗力最强的一个营，营长赵崇德英勇善战。10 月 19 日夜，3 营在一个老乡的带领下悄悄摸到了机场，两个连与机场的日军交火，另外一个连负责摧毁日军飞机，战士们将提前扎好的一捆捆手榴弹塞进了飞机。没过多久，守卫队大部被歼，20 多架敌机在熊熊烈火之中燃烧。日军的装甲车急急赶来增援，可是等它们到机场时，我军已经撤出了战斗。然而，就在战斗结束的时候，三营营长赵崇德被敌人的机枪击中牺牲了。

　　阳明堡一战历时 1 小时，击毁敌机 24 架，毙伤敌警卫部队 100 余人，我军伤亡 30 余人，创造了以步兵歼灭大量敌机的经典战例。

30

晋西游击队

1930年底，中共山西临时省委领导人刘天章、谷雄一，同从军阀高桂滋部队的秘密党组织中选调来的共产党员拓克宽、杨重远等人，以及从陕北特委选调来的阎红彦等人一起来到吕梁山区，在汾阳、离石、孝义一带着手筹建工农武装。

1931年5月，在吕梁山上辛庄村召开了工农武装成立大会，这支游击队被命名为"中国工农红军西北游击大队晋西游击队第一大队"，简称"晋西游击队"。晋西游击队借鉴了井冈山斗争实践的成功经验，贯彻了"党指挥枪"的原则，使党的组织在游击队深深扎根。1931年4月，晋西游击队为扩大武装力量，由党组织领导人杨重远负责发动白军起义。

永安镇位于汾阳县城以北30里，地处太汾公路沿线，晋军赵协中部三营八连驻守永安镇。在杨重远的工作下，三排牟排长和班长冯全福秘密加入中国共产党。晋西游击队党总支和队委会仔细分析了永安晋军的情况，认为第三排人员足、装备好、战斗力强，有牟、冯两位党员做工作，具备了发动起义的条件，随即牟、冯二人开始对部下进行动员。1931年6月初的一天晚上，牟、冯二人率全排开出永安镇驻地，在游击队员白锡林等人的带领下，巧妙绕过驻军哨卡，趁夜急行军 70 里，于拂晓到达薛公岭山下的王家池村附近。永安镇晋军连部发现第三排出走后，立即派兵追击，一直追到王家池。白锡林等人开枪阻击追兵，掩护第三排向薛公岭迅速前进。晋军受到阻击，又不明前方军情，怕遭遇伏击，便停止了追击。最后牟、冯二人带着队伍顺利与前来迎接的游击队员会合，稍事休息后进入根据地。该排原有士兵 40 余名，进入根据地时尚有 30 余人，所带武器精良。这时游击队兵员达到 90 余人，起义参队队员占到三分之一，且装备优良、战斗力强，大大地提高了游击队战斗力。

此后，晋西游击队采取机动灵活的战术，短短数月，经过留誉镇、水头镇、老鸦掌、锄家沿等战斗，打击了反动武装，开辟了 2000 平方公里的游击根据地，建立了列宁小学，开办了农民夜校，宣传中国共产党的主张，播撒了革命火种。

1931 年 9 月，因局势变化，为保存有生力量，晋西游击队奉命西渡黄河与刘志丹部会合，不久成为红 26 军的骨干力量，为陕甘边革命根据地和陕北革命根据地的创建作出了重要贡献。

31

一场酣畅淋漓的包围战

1942 年 5 月 14 日，日、伪军 700 余人向兴县地区进犯，企图打击八路军晋西北军区领导机关。

八路军早已掌握了敌军战术，因而及时侦察到敌人的行动和意图。16 日黄昏后，敌人突然出击兴县，在未遇阻击的情况下于 17 日清晨进占兴县空城。当敌人发觉后路有被截断的危险时，就退出了兴县，不走原路，爬上兴县西南的高山，准备走山路沿兴县至岚县普明镇山路逃窜。谁知刚走出 6 里多，就遭山西工人武装自卫旅阻击，无法撤退。当时天色已晚，敌我双方就地对峙。军区领导闻讯后，立即决定让在兴县地区的 716 团、工卫旅和兴县游击大队，以追击、伏击、堵击等作战手段，彻底歼灭这股敌军。

5 月 19 日黎明，我先头部队工卫旅一部在田家会西北高地与敌交锋；716 团第 2 营在崖窑湾北梁与敌展开激战，第 1 营抢占了田家会西北制高点，第 3 营迂回到田家会西南高地，第二次包围敌军。日军见逃跑无望，开始构筑工事，企图固守待援。

为了打击日军的嚣张气焰，旅首长决定一定要把敌人全部消灭在田家会。总攻时间定在下午 6 时 30 分。

时间一到，我军立即发起总攻，突击队员们冒着狂风，迎着飞沙，向田家会奋勇前进。枪声、喊杀声，响彻山谷。敌人自进入我根据地以来，吃不饱、喝不足，又遭八路军阻击、包围、追赶，疲惫不堪，毫无斗志。因此在八路军强有力的攻击下，田家会周围的山头阵地很快便被我军占领，敌人龟缩到田家会村子里。经过3个多小时的激战，敌人除二三十人逃窜外，全被消灭。

田家会战斗，我军以伤亡75人为代价歼敌700余人，是一次成功的包围战，给在极端困难情况下坚持抗日的晋绥军民很大的鼓舞。

32

抗日烽烟中的"钢铁走廊"

抗日战争时期，由于侵华日军对我们党领导的敌后抗日根据地不断地进攻、"扫荡"，国民党顽固派军队对我实行封锁、包围、分割，党中央通往敌后各根据地的交通屡屡受阻，不能直达。于是横贯在黄土高原上的晋绥交通线就出现了。

1943 年 9 月，彭德怀、刘伯承等一行 40 余人去延安，由晋绥八分区和太行二分区共同接送。在清源县汾河渡口，只有一条能载七八个人的小船，其他人都涉水过河。他们通过太汾公路，一口气走了 30 多公里的夜路，拂晓到达清源边山。正待休息时，忽听山坳里响起枪声，不多时得到报告，清源城有四五百敌人向这边开来。护送人员顿时紧张起来了，刘伯承同志却笑着说："莫来头（没关系），敌人来了我们就打，打不赢就走嘛！"彭德怀同志用望远镜观察后说："看来敌人不是朝我们来的。"不出所料，来接应首长的游击四大队赶到了，报告说敌人是出来报复的，已被我们打退。彭德怀询问了草庄头战斗经过和八分区"挤敌人"的情况。他到了晋绥军区指示军区把八分区"挤敌人"的草庄头战斗作为典型战例通报全区，又建议中央军委给八分区增加了两个团的部队。

通过化装，白天通过封锁线，也是接送干部常用的一种方法。

护送陈毅同志去延安就是这样做的。1943年11月,陈毅携秘书、警卫员一行五人,从新四军总部出发,到达八路军总部——今天的山西省左权县。1944年初,由晋绥八分区负责送往延安。由于途经地区有敌情,原定的行动路线只得改变,并且天黑前必须化装出发。陈毅同志一身绅士打扮,穿着长衫,躺在马车上装病。党支书的儿子扮作陈毅的"儿子",随车送"父亲"到城里看病。警卫员也改装打扮成仆人。交通队员、武工队员化整为零,分散在大车前后保护,就这样顺利通过太汾公路。

在这个交通线上,还活跃着一些秘密的机要交通员。延安与敌后各根据地之间来往的党的许多重要秘密文件主要由他们负责传递。他们原则上与公开交通是分开的,但有联系,必要时协同配合,互通敌情,共同应付敌人。他们常年徒步跋涉,夜行晓宿,往返一次需要1个月左右。

在抗日战争中,战斗在晋绥边区交通线上的军民安全地接送了许多中央领导同志和数以万计的干部,包括赴延安参加"整风"学习的同志和出席党的七大的代表,还安全接送了延安与敌后各抗日根据地及平、津往返的大量重要文件和军需物资,光荣地完成了党中央交给的任务。在晋绥边区,这些贯穿在交错的敌占区、游击区的交通线,被誉为"钢铁走廊"。

33

沂蒙六姐妹

在革命战争年代，山东省蒙阴县烟庄村有 6 位十八九岁或二十刚出头的姑娘和媳妇，她们出身寒苦，但她们英勇支前，为子弟兵送军粮、做军鞋、看护伤病员。她们就是被称为"沂蒙六姐妹"的张玉梅、伊廷珍、杨桂英、伊淑英、冀贞兰、公方莲。

那个时候，很多战士都赤着脚。爬山路的时候，山上的石头常把战士的脚磨得淌血流脓。六姐妹看着心疼，一起为他们做军鞋。她们彻夜不眠，胳膊和大腿都磨得起了泡、出了血，手指也变了形。一只鞋底要纳 120 行，一行要过 30 多针，每针都要经过锥眼、穿线、走线、拉紧。

在孟良崮战役打得最激烈的时候，"六姐妹"还主动承担起了运送草料和弹药的重要任务。当时为了躲避轰炸，乡亲们都躲到山沟沟里去了，敌人多次来村里烧杀抢掠。六姐妹翻过一道道山梁，走进一个个村庄，终于凑足了 2500 公斤草料，接着又立刻动员了村里的妇女组织运输队，把草料送到了预定地点。六姐妹之一的伊淑英当时身怀有孕，仍然艰难行动。

除了草料，"沂蒙六姐妹"还给部队送过弹药。一箱弹药七八十公斤，一个人扛不动，她们就两人抬，翻越 10 多公里山路，一直送到前沿阵地。当时战士看到她们，很多都感动得抹眼泪。六姐妹还带领村里的妇女，把粮食加工成煎饼送到前线。在"沂蒙六姐妹"的带领下，烟庄村妇女行动起来，饿了舍不得吃粮食，吃两口榆钱饭凑合，手上烫起了泡挑破了接着干，2天之内就把2500多公斤粮食烙成煎饼送到了前线。

在整个莱芜战役和孟良崮战役中，烟庄村的乡亲们在六姐妹的组织下，共为部队烙煎饼7.5万公斤，筹集军马草料1.5万公斤，洗军衣8500多件，做军鞋500多双。1947年5月，华东野战军在陈毅、粟裕的指挥下，于孟良崮一举歼灭了当时号称"五大主力之首"的国民党精锐部队整编74师，扭转了整个华东战局。

有一天，区里通知六姐妹去蒙阴的指挥部。在那里，冀贞兰见到一个骑马的人，很亲切地询问姐妹们这些日子烙了多少煎饼、做了多少鞋子，有什么困难没有。问完情况，那个人就笑着说，给你们起个名字吧，说叫大嫂呢，你们还有没结婚的呢，叫大姐吧，还有结了婚的，干脆就起名叫"沂蒙六姐妹"吧。冀贞兰当时知道这个人是个大首长，但还不知道他居然就是大名鼎鼎的陈毅。很多年后，在孟良崮纪念馆里看到陈毅的照片，冀贞兰觉得面熟，旁边的人告诉她那就是陈毅。

1947年6月10日，鲁中军区机关报《鲁中大众报》以《妇女支前拥军样样好》为题，报道了这支模范群体。从此，"沂蒙六姐妹"的名字传遍了整个沂蒙山区。迟浩田将军曾题词："沂蒙六姐妹，拥军情不忘"。2011年5月23日，沂蒙六姐妹纪念馆在蒙阴县烟庄村开馆。

34

"沂蒙母亲"创办战时托儿所

在沂蒙山革命老区的腹地，坐落着一个三面环水一面连山的村子——沂南县马牧池乡东辛庄。抗日战争初期，这里一度成为山东抗战的指挥中心和抗日"堡垒村"。村中有家"堡垒户"，带头人就是著名的"沂蒙母亲"王换于。王换于为民族解放和革命事业作出的贡献很多，其中就包括在抗日战争时期创办战时托儿所，先后抚养了86位革命后代。

1939年6月29日，中共山东分局和八路军第一纵队司令员徐向前、政委朱瑞等率领机关人员转战来到东辛庄，并将指挥部安在了王换于家。徐向前不仅带来了指挥山东抗日战争的首脑机关，还带来了27个（后来增加到41个）抗日战争将士的儿女，这些孩子由徐向前夫人等照料。王换于见状，向徐向前提议道："不如成立一个托儿所，将孩子们分散到各个可靠的群众家中代养，这样孩子们能有个好照应。"徐向前听后非常支持。1939年10月，东辛庄抗日战时托儿所成立了，王换于任负责人。为了完成这项任务，王换于挨村挨户做工作，5天不到，机关27个孩子就全被她安排好了。

创办战时托儿所，最大的问题是保证孩子们的安全。在那兵荒马乱的年代，抚养这么多孩子，要担很大风险。王换于一家出生入死，帮助孩子们渡过一个个"鬼门关"。那时，敌人常来"扫荡"，王换于家抚养的孩子多，又是领导人的子女，目标大。为保证安全，王换于和儿子秘密在南山和北岭挖了两个较大的山洞，遇到敌人来"扫荡"，就带着孩子们藏在里面。1941年至1942年间，敌人三次来"扫荡"，王换于都带着孩子们躲进山洞，其中一次住洞长达两个多月。

对战时托儿所里的每一个孩子，王换于都尽力细心呵护。一次，王换于去西辛庄看望一个寄养在那里的半岁婴儿，发现孩子瘦得不像样，非常心疼，就将孩子抱回了家。当时，王换于的二儿媳陈洪良正在哺乳期，因生活条件差，奶水哺乳一个孩子还不够。当她听王换于说这个孩子是烈士的后代后，二话没说当即就接过孩子喂奶。在婆婆的影响和带动下，儿媳张淑贞、陈洪良妯娌俩也都尽心呵护着这些革命后代。时间久了，妯娌俩的孩子由于长期疏于照顾，多营养不良。

王换于和儿子儿媳们用自家的巨大牺牲，换来革命后代的安然无恙。从1939年秋到1942年底的三年多时间里，战时托儿所的41名孩子均健康成长，并陆续被父母和组织领走。1943年后，又有革命将士的45名孩子由王换于抚养长大，以后这批孩子又被陆续领走，最晚的到1948年才离开。抗日战争胜利后，山东保育小学600多名学生又安置在东辛庄，王换于全家受组织委托，竭尽全力为保育小学服务。

1947年，中国妇女运动的先驱者蔡畅在第一次世界妇女代表大会上，代表中国妇女作了王换于事迹的专题报告，王换于从此名扬中外。1989年，王换于这位为民族解放和革命事业付出过很多心血和汗水的老人，因病逝世，享年101岁。

35

一场农民自发的浴血保卫战

1941 年冬，在沂蒙革命老区莒南县板泉镇渊子崖村，面对 1000 多名武装精良的日寇，全村男女老少凭借着简陋的土枪、土炮和砖头、棍棒奋起反抗，谱写了宁死不屈、气壮山河的英雄史诗。

1941 年 12 月初，盘踞在沭河西岸小梁家据点的伪军 150 余人包围了渊子崖村，要村民交出猪肉、白面和 1000 块大洋慰劳日本侵略军，被渊子崖村群众用土枪、土炮击退。

12 月 19 日晨，日、伪军 1000 余人包围了渊子崖村。该村 300 多名自卫团员及男女老少，在村长林凡义等人的带领下，用大刀、长矛、土枪、土炮坚守围墙，英勇抗击。敌人用大炮向村里猛轰，炸死炸伤不少群众，许多房屋被炸塌。村长林凡义脱了棉袄，手提大刀，在火线指挥。男女老少都投入了战斗。墙段被炸成缺口，村民们立即用门板、石块堵上。敌人一靠近，就用枪打、石头砸，用锹铲挠抓。林九兰用铡刀一连劈死 7 个敌人。林九宣老人一矛捅死一个日军，这时老人也中了敌人一刺刀，牺牲前还说："乡亲们，拼到底，死了也不能当孬种！"林凡义正与敌人搏斗，一个日军的刺刀已对准了他的脑门，林九乾的妻子赶过来一镢头砸死了日军。日军用大炮把围墙炮楼炸坏了一半。等日军冲过来时，林九先等人用力把墙推倒，压死敌军数人。几个日军包围了林庆海，林庆海点燃了火药罐，向敌人扔去，自己也被烧成火人。17 岁的林庆宝空手夺枪，死后手上还留有多处刀口。林清义、林九星等十几个练过武术的老人，用大刀、长矛与日军拼杀，最后全部中弹牺牲。

村民英勇奋战，一连打退敌人多次进攻。太阳偏西时分，敌人攻进村内，村民与日军展开激烈巷战。自卫团员林九臣英勇牺牲，其妻手拿一把菜刀砍死一名日军，后被日军刺死。敌人将被抓去的林庆会、林崇洲用绳子捆绑起来，扔进熊熊燃烧着的草垛中活活烧死，两位烈士在牺牲前还不断呼喊："打倒日本帝国主义！"下午 3 时，山纵二旅五团 1 个连和县、区一部分武装闻讯赶来参加战斗，日军逃走。此次战斗共打死日军 100 余人，全村也有 147 人英勇牺牲，加上外村群众和我部队战士共牺牲 242 人。全村房屋被日军烧光。

为表彰渊子崖村民众的英雄事迹，滨海专署授予该村"抗日楷模村"的光荣称号。为了纪念在渊子崖保卫战中牺牲的烈士，沭水县政府 1944 年在该村北小岭上立塔纪念。渊子崖保卫战很快闻名全国，渊子崖村被誉为"山东抗日第一村"。

二、社会主义革命和建设时期的精神故事

　　社会主义革命和建设时期是我们党团结带领人民进行社会主义革命，确立社会主义基本制度，建设社会主义国家的实践探索期。这是一段激情燃烧的奋斗岁月，在这一时期我们党领导人民在旧中国一穷二白的基础上，实现了中华民族有史以来最为广泛而深刻的社会变革，我国社会发生了翻天覆地的变化。

　　伟大的抗美援朝战争，抵御了帝国主义的侵略扩张，捍卫了新中国安全，保卫了中国人民和平生活，稳定了朝鲜半岛局势，维护了亚洲和世界和平。2020 年 10 月 23 日，习近平总书记在纪念中国人民志愿军抗美援朝出国作战 70 周年大会上的讲话中指出："在波澜壮阔的抗美援朝战争中，英雄的中国人民志愿军始终发扬祖国和人民利益高于一切、为了祖国和民族的尊严而奋不顾身的爱国主义精神，英勇顽强、舍生忘死的革命英雄主义精神，不畏艰难困苦、始终保持高昂士气的革命乐观主义精神，为完成祖国和人民赋予的使命、慷慨奉献自己一切的革命忠诚精神，为了人类和平与正义事业而奋斗的国际主义精神，锻造了伟大抗美援朝精神。"[1] 伟大抗美援朝精神跨越时空、历久弥新，必须永续传承、世代发扬。从《英雄侦察员》《杀敌

---

[1]　习近平：《在纪念中国人民志愿军抗美援朝出国作战 70 周年大会上的讲话》，人民出版社 2020 年版，第 7 页。

神枪手》《爆破大王》中可以领略到抗美援朝精神。

20 世纪 50 年代，面对帝国主义核威胁、核讹诈，我们党的第一代中央领导集体审时度势，高瞻远瞩，果断决定研制原子弹、氢弹、导弹、人造地球卫星。在为"两弹一星"事业进行的艰苦奋斗中，广大科研工作者培育和形成了"两弹一星"精神。它是爱国主义、集体主义、社会主义精神和科学精神的体现，是中国人民在 20 世纪为中华民族创造的新的宝贵精神财富。《睡在板凳上的大科学家》《用生命守护核机密》《为国家放一个"大炮仗"》等故事反映了"两弹一星"精神。

雷锋是时代的楷模，雷锋精神是永恒的。2012 年，中共中央办公厅印发的《关于深入开展学雷锋活动的意见》指出，要大力弘扬雷锋热爱党、热爱祖国、热爱社会主义的崇高理想和坚定信念，弘扬雷锋服务人民、助人为乐的奉献精神，弘扬雷锋干一行爱一行、专一行精一行的敬业精神，弘扬雷锋锐意进取、自强不息的创新精神，弘扬雷锋艰苦奋斗、勤俭节约的创业精神。《可敬的"傻子"》《好事做了一火车》《红领巾的知心朋友》等故事反映了雷锋精神。

焦裕禄是河南省兰考县原县委书记。他从 1962 年担任兰考县委书记到 1964 年 5 月逝世，在一年多的时间里带领兰考人民治理内涝、风沙、盐碱三害，终于改变了兰考县的面貌。2014 年 3 月，习近平总书记在河南省兰考县调研时指出："焦裕禄同志是人民的好公仆，是县委书记的榜样，也是全党的榜样。亲民爱民、艰苦奋斗、科学求实、迎难而上、无私奉献的焦裕禄精神，过去是、现在是、将来仍然是我们党的宝贵精神财富，永远不会过时。"①《亲自掂一掂"三害"的

① 习近平：《党的伟大精神永远是党和国家的宝贵精神财富》，《求是》2021 年第 17 期。

分量》《贫下中农的贴心人》《与病魔顽强斗争》等故事反映了焦裕禄精神。

大庆油田的开发建设造就了一支敢打硬仗、勇创一流的优秀职工队伍，涌现了铁人王进喜、新时期铁人王启民等不少在全国很有影响的先进典型，形成了团结凝聚百万石油人的强大精神动力，集中展现了我国工人阶级的崇高品质和精神风貌。大庆精神、铁人精神已经成为中华民族伟大精神的重要组成部分，永远是激励中国人民不畏艰难、勇往直前的宝贵精神财富。《"铁人"王进喜》《"三老四严"的由来》《捞岩心》等故事反映了大庆精神和铁人精神。

红旗渠是自力更生、艰苦奋斗的典范，不仅给后人留下了浇灌几十万亩田园的水利工程，更重要的是留下了宝贵的红旗渠精神，这就是：自力更生、艰苦创业、团结协作、无私奉献。《开凿青年洞》《"神炮手"常根虎》《撬开老虎嘴》等故事反映了红旗渠精神。

20世纪50年代以来，由14万转业复员官兵、10万大专院校毕业生、20万内地支边青年、54万城市知识青年组成的垦荒大军，义无反顾地投身一场伟大的拓荒事业，洒下了汗水，贡献了青春。经过70多年的开发建设，北大荒已经成为国家重要的商品粮基地、粮食战略后备基地和现代农业的示范基地。在创造巨大物质财富的同时，北大荒孕育出自力更生、艰苦创业、勇于开拓、甘于奉献的北大荒精神。《北大荒开拓者的旗帜》《农垦战线的老红军》《密山火车站大动员》从几个侧面体现和反映了北大荒精神。

塞罕坝位于河北省北部，曾经是茫茫荒原。半个多世纪以来，三代塞罕坝林场人以坚韧不拔的斗志和永不言败的担当，坚持植树造林，建设了百万亩人工林海，成为守卫京津的重要生态屏障。2017

年，习近平总书记对河北塞罕坝林场建设者感人事迹作出重要指示。他指出，55年来，河北塞罕坝林场的建设者们听从党的召唤，在"黄沙遮天日，飞鸟无栖树"的荒漠沙地上艰苦奋斗、甘于奉献，创造了荒原变林海的人间奇迹，用实际行动诠释了绿水青山就是金山银山的理念，铸就了牢记使命、艰苦创业、绿色发展的塞罕坝精神。他们的事迹感人至深，是推进生态文明建设的一个生动范例。《马蹄坑会战》《六女上坝》体现了这一精神。

王杰是普通的战士，更是时代的英雄，他用生命践行的"在荣誉上不伸手，在待遇上不伸手，在物质上不伸手；一不怕苦，二不怕死"精神，穿越时空，历久弥新。2017年12月13日，习近平主席看望了第71集团军某旅王杰生前所在连官兵，参观了写满光荣、写满奉献的连队荣誉室。习近平主席特别强调："王杰精神过去是、现在是、将来永远是我们的宝贵精神财富，要学习践行王杰精神，让王杰精神绽放新的时代光芒。"①《肯于吃苦的好战士》《用生命践行誓言》体现了王杰精神。

---

① 习近平：《党的伟大精神永远是党和国家的宝贵精神财富》，《求是》2021年第17期。

36

英雄侦察员

在中国人民革命军事博物馆，一面南朝鲜首都师"白虎团"团旗见证着中国人民志愿军的英勇事迹，其背后的故事被改编为现代京剧《奇袭白虎团》和电影《奇袭》，其中主人公"严伟才"的原型就是中国人民志愿军一级战斗英雄杨育才。

杨育才，1926年生于陕西勉县一个贫苦的农民家庭，1949年4月参加中国人民解放军，1950年5月加入中国共产党，1951年6月参加中国人民志愿军赴朝作战。杨育才很快由一名普通战士成长为侦察排的副排长，因机智勇敢被战友们亲切地称作"飞毛腿""大力士""小诸葛"。

1953年7月，金城战役打响，杨育才奉命率小分队执行"虎口拔牙"——突袭南朝鲜军精锐部队首都师第一团"白虎团"团部任务。7月13日晚，他乔装成"美国顾问"，12名侦察员化装成护送"顾问"的敌军，直插敌纵深。他们冒着敌军密集的炮火，沿着侦察路线插入敌军高地。在行军途中，杨育才抓住一个敌军士兵，巧妙获知了敌军的联络口令，并顺利通过敌人的岗哨盘查。

进入"白虎团"团部驻地时，小分队被停在公路上的敌军首都师机甲团第二营车队阻隔。杨育才果断指挥袭击，趁敌人慌乱时冲过公路，直扑"白虎团"团部二青洞。杨育才指挥小分队三个组分头作战，冲进敌警卫室、会议室。恰在此时，担负袭击敌警卫室的第一小组的枪声，骤然响了起来。杨育才大喊一声："打！"

侦察员包月禄、李志对准窗口投进两枚手榴弹。随着两声巨响，一个巨大的火球从作战室里蹿出，屋里的电灯熄灭了，敌人团部内乱作一团。趁着烟雾，"尖刀班"迅速冲了进去，一阵机枪扫射，敌军被打得措手不及，晕头转向，四处逃窜。敌机甲团团长当场毙命，其余的敌首脑纷纷投降。

小分队仅用十几分钟就结束了战斗，毙伤敌机甲团团长以下97人，俘敌军事科长、榴炮营副营长等19人。这时，杨育才看到会议室墙边有个铁架子，上面挂了面绣着一只龇牙咧嘴的白色虎头的军旗。他上前扯下了这面旗子，这就是李承晚亲自授予"白虎团"的"优胜"虎头旗。"白虎团"团旗就这样成了志愿军的战利品。

杨育才率领的"尖刀班"在打掉"白虎团"团部后，又一鼓作气干掉了附近的油库、弹药库，爆炸声此起彼伏，熊熊烈火映红了天空。杨育才率领的"尖刀班"圆满完成突袭任务，为金城反击战役取得最后胜利作出了突出贡献。"尖刀班"包括杨育才在内的13人，无一伤亡，创造了我军特种作战史上的奇迹！

37

杀敌神枪手

　　张桃芳是江苏兴化人，中国人民志愿军狙击手，1951 年 3 月加入中国人民解放军，1952 年 9 月参加志愿军进入朝鲜战场。他所在的 24 军 72 师第 214 团一开始驻防在朝鲜的战略要地元山。张桃芳所在的部队到达前沿阵地时，抗美援朝战争已进入战略防御阶段。当时，敌军倚仗先进的装备，时常炮轰我前沿阵地，在白天堂而皇之地晒太阳、打扑克、跳舞。上级指示志愿军组织特等射手展开狙击作战，打击敌人的猖狂气焰。张桃芳领到一支苏联制造的步枪。这支步枪虽然适宜在严寒天气使用，但它每扣一次扳机，都要再拉一次枪栓，才能再打。加上它的枪管比较短，子弹的散布面较大，后坐力大，没有经过刻苦训练，很难精准命中目标。张桃芳在练习打靶时曾接连三发子弹脱靶，但这并没有令张桃芳气馁。

　　此后，张桃芳像着了魔一样，整天端着空枪，反复练习举枪动作，瞄准远近不同的物体，不停扣发扳机，寻找感觉；他用破床单制成两个沙袋挂在手臂上练习臂力，练到最后，他两臂带着十几公斤沙袋时，仍能不差分毫地扣动扳机。夜晚，战友们常见到张桃芳拿着空枪在坑道中对着晃动的油灯练习瞄准。一段时间后，张桃芳找到了感觉，开始了自己的狙击手生涯。那时，没有专业的狙击训练，训练员把他们带到前沿阵地，现场教他们怎么测距，怎么定标尺，怎么算提前量。

许多人没想到，几个月前还打空靶的新兵，竟在不久后成为神枪手。张桃芳从熟悉阵地周围地貌特征入手，研究敌人的活动规律，将敌人常出没的道路估测好距离，在战壕中寻找理想的射击点。两个星期后，他适应了这种节奏。接下来，他用240发子弹，击毙击伤了71个敌人。后来，张桃芳成为全连头号狙击手。24军军长皮定均听说后，起初不相信这位新兵蛋子这么厉害，找了一位作战参谋，带上一双自己都舍不得穿的皮鞋，嘱咐参谋要亲眼看见他打中3个敌人就把鞋子送他，后来张桃芳就在这个参谋面前打中了3个美国鬼子。自从上甘岭的597.9高地出现志愿军狙击手后，敌军再也不敢在前沿阵地晃悠。他们开始挖工事防备，工事建成后整天躲在里面不敢抬头。他们后来给上甘岭北山阵地起名为"狙击兵岭"。美军还专门调来了狙击手予以反击。张桃芳的这样一支连光学瞄准镜都没有的步枪，成了抗美援朝志愿军狙击手的标准配置。

1953年，志愿军总部为张桃芳记特等功，并授予他"二级狙击英雄"的荣誉称号，朝鲜最高人民会议常务委员会授予他"一级国旗勋章"。现如今，张桃芳用过的步枪被珍藏在中国人民革命军事博物馆，注释说："抗美援朝战争中，它的主人使用它在32天内以436发子弹击毙214名敌人，创造了中国人民志愿军在朝鲜战场上冷枪杀敌的最高纪录。"

38

爆破大王

    杨根思是中国人民解放军全国战斗英雄和中国人民志愿军特级战斗英雄，他 1922 年生于江苏省泰兴县（今泰兴市）的一个贫苦农民家庭，从小失去双亲，10 岁当了放牛娃，12 岁随哥哥到上海当童工。1944 年，杨根思参加新四军，1945 年加入中国共产党。参军后，他历任班长、排长、连长，作战英勇顽强，屡立战功，被誉为"爆破大王"。

    1950 年 10 月，杨根思参加中国人民志愿军赴朝作战。1950 年 11 月，在抗美援朝战争第二次战役分割围歼咸镜南道美军战斗中，时任志愿军某部连长的杨根思，奉命带一个排扼守下碣隅里外围 1071 高地东南小高岭，负责切断美军南逃退路。

    29 日，美军陆战第一师开始向杨根思所在的小高岭进攻，猛烈的炮火将大部分工事摧毁，杨根思带领战友们迅速抢修工事，做好战斗准备，待美军靠近到只有 30 米时，带领全排突然射击，打退了美军的第一次进攻。接着，美军组织两个连的兵力，在八辆坦克的掩护下再次发起进攻，他指挥战士奋勇冲入敌群，展开近距离拼杀。

    激战中，又一批美军涌上山顶，他亲率第七班和第九班正面抗击，指挥第八班从山腰插向敌后，再次将美军击退。美军遂以空中和地面炮火对小高岭实施狂轰滥炸，随后发起集团冲锋。他率领全排顽强抗击，以"人在阵地在"的英雄气概，接连击退美军八次进攻。当投完手榴弹，射出最后一颗子弹，阵地上只剩他和两名伤员时，又有40多名美军爬近山顶。危急关头，他抱起仅有的一包炸药，拉燃导火索，纵身冲向敌群，与爬上阵地的美军同归于尽。

1952年，中国人民志愿军领导机关为杨根思追记特等功，并追授"特级英雄"称号，命名他生前所在连为"杨根思连"。1953年6月25日，朝鲜民主主义人民共和国最高人民会议常任委员会追授他"朝鲜民主主义人民共和国英雄"称号和金星奖章、一级国旗勋章。中国人民志愿军司令员彭德怀题词称赞他是"中国人民的优秀儿子、国际主义的伟大战士、志愿军的模范指挥员"。

39

睡在板凳上的大科学家

钱学森长期担任火箭导弹和航天器研制的技术领导职务，以他在总体、动力、制导、气动力、结构、材料、计算机、质量控制和科技管理等领域的丰富知识，对中国火箭、导弹和航天事业的发展作出了重大贡献，赢得了"中国航天之父"的美誉。

20世纪60年代中期，为了进行"东风3号"全程试验和其他试验任务，中央军委决定在山西建设新的发射试验基地。该基地从1966年初勘察选点开始，到1968年末第一期工程主要项目基本完成，随后便投入发射试验任务。所以，这个基地除了基本发射阵地、技术阵地等验收合格之外，连通信指挥及配套工程都是十分简易的，更不用说各种生活配套设施了。

基地刚建成不久，钱学森便赴山西太原发射中心，组织指挥导弹发射任务。

导弹原定17时发射，因准备工作出现问题，发射先是推迟到午夜，而后又推迟至第二天凌晨。一夜没睡，有的年轻人都有些撑不住了，大家都劝当时已近60岁的钱学森离开指挥大厅去休息，但钱学森却坚持要留在指挥岗位上。指挥厅非常简陋，除了几个桌椅板凳，连个沙发都没有。钱学森便和大家一样，搬来两个木板凳并在一起，和衣躺下休息。

　　这样一位享誉世界的科学家，放弃了美国的优厚待遇毅然决然回到祖国。为了祖国的强盛，钱学森和年轻人一起躺在又冷又硬的板凳上。这是多么令人敬佩呀！

40

用生命守护核机密

在 20 世纪 50 年代末,一批中国科学家突然"神秘消失",时隔多年,人们才知道他们是隐姓埋名投身于我国的核武器研制。郭永怀就是其中一位。

1960 年,郭永怀被任命为第二机械工业部第九研究所副所长,负责我国核武器的研制。"两弹"研制所在的青海基地,海拔 3000 多米,最低气温零下 40 摄氏度,生存环境极其恶劣。50 多岁的郭永怀经常和其他科研人员一起,喝碱水、住帐篷、睡铁床。他经常奔波于北京、青海和罗布泊之间,听取汇报、指导科研,深入科室、车间,亲临试验现场,对一些关键问题开展技术讨论。课题设置、方案制定、装置建立、实验落实、结果分析等,他都一一亲自过问。他仍关注和倡导力学新兴领域的研究工作;参与领导火箭氢氧发动机和地空导弹的研制、有关物理工程的筹备、领导人造卫星设计院、空气动力研究院的筹建、指导重大工程防护的科研等工作。在生活上,郭永怀十分简朴,一支钢笔从中学时代竟一直使用到牺牲。

在此期间,郭永怀同时参与领导了我国第一颗人造地球卫星"东方红一号"的研制。由于长期从事绝密工作,和家人聚少离多,女儿过生日时向他要礼物,他只好满怀歉意地指着天上的星星说,以后天上会多一颗星星，那就是爸爸送你的礼物。

1968 年 12 月 5 日凌晨，郭永怀带着一份核武器的绝密资料，从青海基地匆匆乘飞机赶往北京，飞机不幸坠毁。找到遗体时，在场的人失声痛哭：郭永怀与警卫员小牟紧紧地抱在一起，费了很大力气将他们分开后，那个装有绝密资料的公文包就夹在他们两人中间，完好无损。郭永怀牺牲 22 天后，我国第一颗热核导弹成功试爆，氢弹的武器化得以实现。

1999 年，中共中央、国务院、中央军委在人民大会堂隆重表彰为"两弹一星"事业作出突出贡献的科技专家，郭永怀是被表彰的23 位"两弹一星"元勋中的烈士。

41

为国家放一个"大炮仗"

1958 年秋，二机部副部长钱三强找到邓稼先，说"国家要放一个'大炮仗'"，征询他是否愿意参加这项必须严格保密的工作。邓稼先义无反顾地同意了，回家对妻子许鹿希只说自己"要调动工作"，不能再照顾家和孩子，通信也困难。许鹿希明白，丈夫肯定是从事对国家有重大意义的工作，表示坚决支持。从此，他的名字便在学术刊物和对外联络中消失了。

邓稼先随后就任二机部第九研究所理论部主任，他先挑选了一批大学生准备有关俄文资料和原子弹模型。1959 年 6 月，苏联终止原有协议，党中央下决心自己动手研制原子弹和人造卫星。邓稼先任原子弹的理论设计负责人后，一面部署同事们分头研究计算，同时自己也带头攻关。在遇到一个苏联专家留下的核爆大气压的数字时，他在周光召的帮助下以严谨的计算推翻了原有结论，从而解决了关系中国原子弹试验成败的关键性难题。数学家华罗庚后来称，这是"集世界数学难题之大成"的成果。

中国研制原子弹正值三年困难时期，尖端领域的科研人员虽有较高的粮食定量，却仍因缺乏油水常饥肠辘辘。邓稼先多少能从岳父那里得到一点儿粮票的支援，却都用来买饼干之类的，在工作紧张时与同事们分享。虽条件艰苦，但他们日夜加班。"粗估"参数时，要有物理直觉；昼夜不断地筹划计算时，要有数学见地；决定方案时，要有胆识和准确的判断。

邓稼先不仅在科研院所里费尽心血，还经常要去飞沙走石的戈壁试验场。1964 年 10 月，中国成功爆炸的第一颗原子弹，就是由他最后签字确定了设计方案。他还率领研究人员在试验后迅速进入爆炸现场采样，以证实效果。他又同于敏等人直接领导并参与投入对氢弹的研制和实验工作。按照"邓—于方案"最终制成了氢弹，并于原子弹爆炸后的两年零八个月试验成功。同法国用八年、美国用七年、苏联用四年的时间相比，这创造了世界上最快的速度。

42

可敬的"傻子"

雷锋对于物质，即使浪费了一丁点儿都觉得心疼。他钉了一个木箱子，把平时收集的螺丝帽、铁丝条、牙膏皮、破手套等放进去，他把这叫作"聚宝箱"。车上缺了个螺丝，坏了个零件，他都先到"聚宝箱"里找，能代用的就代用。如果擦车布实在烂得不能用了，他就从"聚宝箱"里找出破手套，洗干净了作擦车布。至于牙膏皮、铁丝条什么的，他积到一定数量就卖给收破烂的，得了钱全部交给公家。有的同志不理解地说："国家那么大，也不缺你那几块钱！"雷锋说："积少成多啊！每人一天节约一角钱，你算算，全国一天节约多少钱？当了国家的主人，不算这笔账还行？"

有人说："雷锋是傻子，是小气！"雷锋以自己的行动，回答了那些不理解他的人们。

那是一个阳光明媚、百花争妍的初夏季节，雷锋所在部队驻地附近的人民欢欣鼓舞，敲锣打鼓，庆祝城市人民公社的成立。他心里也非常喜悦。雷锋想，在这个时候，自己能为公社做点什么好事呢？他跑到储蓄所，把自己两年来在工厂、部队积下的 200 元钱，全部取了出来，一阵风似的跑到望花区和平人民公社党委办公室，把钱往桌上一放，说："我早就盼望这一天了！这是我对望花区人民公社的一点儿心意，收下吧！"党委办公室的同志很受感动，说："同志！我们收下你的这份心意。钱我们不能收，你留着自己用，或寄到家里去。"雷锋说："人民公社就是我的家。我的钱就是给家里用的。"他又说："我在苦里生，甜里长，没有大我，就没有小我。党和人民给了我一切，我要把一切献给人民献给党。这钱是党和人民给我的，现在就让它为人民事业发挥一点儿作用吧。"雷锋苦苦要求，公社仍然不肯收下，直到他说得哭了起来，公社的同志才答应收下一半。这件事大大地鼓舞了全体公社社员。他们说："我们一定办好人民公社，答谢解放军……"

1960 年夏末，报纸上发表了一条消息：辽阳地区遭到了百年不遇的大水灾。对辽阳，雷锋有说不尽的深情厚谊！他在那里参军，在那里住过、劳动过。他马上怀念起那里的伙伴们和乡亲们……看了报，他急得直叹气。当他在报纸上看到党中央派飞机给灾区人民送粮又送衣的时候，心里想："党中央这样关心灾区人民，我这个人民战士，此刻能为灾区人民做点什么呢？……"他想到自己还有公社退回来的那 100 元钱，便连忙写了封慰问信，顶着大雨，立刻跑到邮局，把 100 元钱和信一起寄到辽阳去了。

他在日记里写道："有些人说我是'傻子'，是不对的。我要做一个有利于人民、有利于国家的人。如果说这是'傻子'，那我甘心愿意做这样的'傻子'的，革命需要这样的'傻子'，建设也需要这样的'傻子'。"

43

好事做了一火车

雷锋出差去安东，参加沈阳部队工程兵军事体育训练队。他出差一千里，好事做了一火车。

从抚顺一上火车，他看到列车员很忙，就动手帮着干了起来。擦地板、擦玻璃、收拾小桌子，给旅客倒水，帮助妇女抱孩子，给老年人找座位，接送背大行李包的旅客。这些事情做完了，他又拿出随身带的报纸，给不认识字的旅客念报，宣传党的政策，一直忙到沈阳。

到沈阳车站换车的时候，他发现检票口吵吵嚷嚷围了一群人，近前一看，原来是一个中年妇女没有车票，硬要上车。人越围越多，把路都堵住了。雷锋上前拉过那位大嫂说："你没有票，怎么硬要上车呢？"那大嫂急得满头汗地解释说："同志，我不是没车票，我是从山东老家到吉林看我丈夫的，不知啥时候，把车票和钱都丢了。"雷锋听她说的是真情实话，就说："别着急，跟我来。"他领着大嫂到售票处，用自己的津贴费补了一张车票，塞到她手里说："快上车吧，车快开了。"那大嫂说："同志，你叫什么名字，哪个单位的，我好给你把钱寄去。"雷锋笑道："我叫解放军，就住在中国。"他说完就转身走了。那位大嫂走上车厢还感动得眼泪汪汪地向他招手。

雷锋从安东回来，又在沈阳转车。他背起背包过地下道时，看见一位白发苍苍的老大娘拄着棍，背了个大包袱，很吃力地一步步迈着，雷锋走上前去问："大娘，你到哪去？"老人上气不接下气地说："俺从关内来，到抚顺去看儿子呀！"雷锋一听跟自己同路，立刻把大包袱接过来，手扶着老人说："走，大娘，我送你到抚顺。"老人高兴地直夸他。进了车厢，他给大娘找了座位，自己就站在旁边，掏出刚买来的面包，塞了一个在大娘手里。老大娘往外推着说："孩子，俺不饿，你吃吧！""别客气，大娘，吃吧！先垫垫饥。""孩子，孩子"这亲热的称呼，给了雷锋很大的感触，他觉得就像母亲叫着自己小名似的那样亲切。他在老人身边，和老人唠开了家常。老人说，他儿子是工人，出来好几年了。她是第一次来，还不知道儿子住在什么地方。说着，掏出一封信，雷锋接过一看，上面的地址他也不知道，但他知道老人找儿子的急切心情，就说："大娘，你放心，我一定帮助你找到他。"雷锋说到做到，到了抚顺，背起老人的包袱，搀扶着老人，东打听，西打听，找了两个多小时，才找到老人的儿子。

这些事后来被战友们知道了。有人评论说："嘿，雷锋出差一千里，好事做了一火车！"

44

红领巾的知心朋友

　　雷锋有两件心爱的东西：一条红领巾、一个大队长臂章。他从家乡到鞍钢，又从鞍钢到部队，这两件东西始终带在身边。

　　部队驻地附近，有好几所小学，上学、放学的时候，少先队员们见了解放军叔叔，不是敬礼，就是问好。雷锋每次看到他们幸福的笑脸，就会想起自己的童年，和曾经帮助他"天天向上"的组织。1960年10月间，他担任了抚顺市建设街小学和本溪路小学少先队组织的校外辅导员。他的工作任务很紧张，但他经常利用中午休息时间，或者在大风大雨不能出车的时候，跑到学校去，和教师、辅导员、队员们谈心。平日里，他也抓紧一切机会，从报纸上、刊物上搜集革命领袖、革命先烈和革命英雄的故事，记在自己的日记本上，一有工夫就讲给孩子们听。他爱孩子们，孩子们也爱他，把他看成自己最亲密的朋友。

　　一个阳光灿烂的中午，雷锋穿着崭新的军装，戴着一条鲜艳的红领巾向建设街小学走去。红领巾在阳光下闪闪发亮。他一踏进小学校门，马上就被一群孩子围住了。孩子们欢呼着："欢迎雷锋叔叔。""请雷锋叔叔讲故事！"雷锋和孩子们在一起总是很快乐。

　　和孩子们接触多了，他发现有许多孩子本来是很聪明的，可就

是调皮惯了，自己约束不住自己，违反纪律，还影响学习。因此他觉
得自己当辅导员，应该想尽一切办法改正这些孩子的缺点。建设街小
学六年级有个小马同学非常伶俐活泼，其实就是调皮，整天打打闹闹
不好好听课，个子老大了还没戴红领巾。这以后，雷锋就经常注意接
近小马，给他讲故事，跟他谈心，约他到宿舍来玩儿。

　　经过雷锋和老师的教育，还有少先队的帮助，小马逐渐克服了
爱玩爱闹的缺点，学习也进步了。当他第一次戴上红领巾、见到雷锋
的时候，他紧紧拉住雷锋的双手，激动地说："雷锋叔叔，我加入少
年先锋队啦！"

45

亲自掂一掂"三害"的分量

　　1963 年 2 月，兰考县委决定在全县范围内开展治沙、治水、治碱的斗争，成立除"三害"办公室。焦裕禄明白，理想和规划并不等于现实，这涝、沙、碱三害，自古以来害了兰考人民多少年啊！今天，要制服"三害"，必须进行大量艰苦细致的工作，付出高昂的代价。他下决心要把兰考县的自然情况摸透，亲自去掂一掂兰考的"三害"究竟有多大分量。

　　根据这一想法，县委先后抽调了 120 名干部、老农和技术员组成一支三结合的"三害"调查队，在全县展开了大规模的追洪水、查风口、探流沙的调查研究工作。当时，焦裕禄的肝病已相当严重，许多同志劝他不要下去，劝他在家里听汇报。他说："吃别人嚼过的馍没味道。"他背着干粮、拿起雨伞，和大家一起在兰考的原野上日夜奔波。追沙，他一直追到沙落地；查水，他又是查到水归槽。干旱季节，他亲自用舌头辨别盐碱的种类和土的含碱量。在同自然灾害的斗争中，焦裕禄同志不顾重病缠身，忍受着严重疾病的折磨，在风里、雨里、沙窝里、激流里，坚持度过了 120 多个白天和黑夜，跑了 120 多个大队，跋涉 5000 余里，终于摸清了兰考"三害"的底细，全县有大小风口 84 个，经调查队一个个查清，编了号、绘了图；全县有大小沙丘 1600 个，也一个个经过丈量，编了号、绘了图；全县的河流、淤塞的河渠、阻水的路基、涵闸等也调查得清清楚楚，绘成了详细的排涝泄洪图。

这种大规模的调查研究，使县委基本上掌握了水、沙、碱发生、发展的规律。几个月的辛苦奔波，换来了一整套具体又详细的资料，县委据此制订出了切实可行的改造兰考的规划。焦裕禄满怀激情地写道："我们对兰考的一草一木都有深厚的感情。面对当前严重的自然灾害，我们有革命的胆略，坚决领导全县人民，苦战三五年改变兰考面貌。不达目的，我们死不瞑目。"从此，一场群众性的除"三害"斗争轰轰烈烈地开展起来了。

在除"三害"的斗争中，为了取得经验，焦裕禄同志亲自率领干部、群众进行了小面积翻淤压沙、翻淤压碱、封闭沙丘试验。然后以点带面，全面铺开。焦裕禄既是指挥员又是战斗员，同干部、群众一起出力流汗。他给自己规定，把参加劳动作为日常生活的重要内容。下乡时，就地劳动；在机关值班时，临近劳动。不论在治理"三害"的土地上，还是在平时田间管理中，他走到哪里干到哪里。群众都把焦裕禄看成是"跟咱一样的庄户人"。

通过一年的艰苦奋战，兰考的除"三害"工作取得了明显的成效。

46

贫下中农的贴心人

焦裕禄身体力行，无论工作多忙，总是坚持参加集体生产劳动，始终保持劳动人民的本色。他经常卷起裤腿和群众一起干活，群众身上有多少泥，他身上就有多少泥。他经常和群众一起翻地、封沙丘、种泡桐、挖河渠……就在县委决定他住院治疗的前几天，他还挥舞铁锨在红庙公社葡萄架大队和群众一起劳动。因此，他经常要求下乡的干部一要带毛主席著作，二要带劳动工具和行李。

一个冬天的黄昏，风越刮越紧，雪越下越大。焦裕禄望着风雪，心里惦记着群众：住得怎样？吃的烧的有没有困难？生产队的牲口咋样？他让办公室立即通知各公社做好雪天六项工作：第一，所有农村干部必须深入到户，安排好群众生活；第二，所有从事农村工作的同志必须深入牛棚检查，保证不冻坏一头牲口；第三，安排好室内副业生产；第四，对于参加运输的人、畜，凡是被风雪隔在途中的，在哪个大队由哪个大队热情接待，保证吃得饱、住得暖；第五，教育全体党员，大雪封门的时候到群众中去，和他们同甘共苦；第六，把检查执行情况迅速报告县委。

这天，风雪刮了一夜，焦裕禄屋里的电灯亮了一夜。第二天黎明，他就把同志们叫起来开会。他说："在这大雪拥门的时候，我们不能坐在办公室里烤火，应该到群众中间去。共产党员要在群众最困难的时候出现在群众面前，在群众最需要帮助的时候，去关心群众、帮助群众。"说罢，就带领着大家，顶风冒雪出发了。

这天，焦裕禄冒着风雪，忍着剧烈的肝痛，一连走访了九个村子，访问了几十户群众。但是，没烤群众一把火，没喝群众一口水。他来到梁孙庄梁俊才的家里，老大爷卧床不起，老大娘双目失明。老大爷问："你是谁呀？大雪天来干啥？"焦裕禄说："我是您的儿子，毛主席叫我来看望您老人家的。"老大爷感动得热泪盈眶，说："解放前，大雪封门，地主逼租，撵得我串人家的房檐，住人家的牛屋。还是党好，社会主义好。"

47

与病魔顽强斗争

1964 年春天，当兰考人民同涝、沙、碱斗争胜利前进的时候，焦裕禄的肝病也越来越重了。

他开会、作报告，经常用右膝顶住肝部，不断用左手按住疼处。有时，用一个硬东西一头顶着椅子，一头顶住肝部。天长日久，他坐的藤椅被顶出一个大窟窿。焦裕禄从不把自己的病放在心上。他说："病是个欺软怕硬的东西。你压住它，它就不欺侮你了。"组织上劝他住院治疗，他总是说："工作忙，离不开。"给他请来一位有名的中医，开了药方，他嫌药贵，不肯买。他说："灾区群众生活很困难，花这么多钱买药，我能吃得下吗？"县委的同志背着他去买来三剂，强让他服下了，但他执意不再服第四剂。可当他发现别的同志有了病时，却总是关心备至。县委一位负责同志在乡下患病，焦裕禄几次打电话，要他回来休息。县委组织部一位同志患慢性疾病，焦裕禄要他安心疗养；财委一位同志患病，焦裕禄多次催他到医院检查……焦裕禄心里装着全体人民，唯独没有他自己。

有一次，焦裕禄和县委办公室一位同志去三义寨公社检查工作。走到半路，他的肝病发作，疼得厉害，两个人只好推着自行车慢慢地走到公社，大家看他脸色不好，劝他休息一会儿，他笑笑说："谈你们的情况吧，我不是来休息的。"焦裕禄一边听汇报，一边按着作痛的肝部记笔记。剧烈的肝痛使他手指发抖，钢笔几次从手中掉下来，但是他仍然坚持听下去。

1964 年 3 月，焦裕禄的肝病十分严重，党组织决定送他到外地治疗。临行那一天，由于肝部疼得厉害，他是弯着腰走向车站的。在医院里，焦裕禄以钢铁般的意志同疾病作顽强的斗争，无论肝疼得多么厉害，从来都不让护士多照顾自己。县里的同志和兰考的群众代表前来看他，他不谈自己的病，首先问县里的工作、生产情况。他还嘱咐同志们："回去对县委的同志们说，叫他们把我没有写完的那篇文章写完；还有，把秦寨盐碱地上的麦穗拿一把来，让我看看。"

1964 年 5 月 14 日，焦裕禄的心脏停止了跳动。一位普通的领导干部、一个优秀的共产党员，县委书记的榜样、人民群众的贴心人——焦裕禄走完了他为人民服务的光辉灿烂的一生。

48

"铁人"王进喜

　　"铁人"王进喜是全国著名劳动模范、大庆石油会战时期的"五面红旗"之一。他是新中国第一代钻井工人，中国石油工人的光辉典范、中国工人阶级的先锋战士、中国共产党人的优秀楷模。

　　王进喜 1923 年生于甘肃省玉门县，15 岁时到玉门油矿当童工。新中国成立后到玉门钻井队工作，1956 年加入中国共产党。1960 年 3 月，王进喜率领 1205 钻井队从玉门日夜兼程奔赴大庆。到萨尔图以后，王进喜下了火车，一不问吃，二不问住，找到调度室首先问："我们的钻机到了没有？我们的井位在哪里？这里的钻井最高纪录是多少？"

　　1960 年 4 月 2 日，从玉门发出的钻机运抵萨尔图。可当时吊车、汽车、拖拉机非常少，60 多吨重的钻机设备无法卸车、搬运和安装。面对重重困难，王进喜对大家说："有条件要上，没有条件创造条件也要上！""只能上，不能等；只准干，不准拖！"他带领全队把钻机化整为零，采用"人拉肩扛"的办法把钻机和设备从火车上卸下来，运到马家窑附近的萨 55 井，安装起来。连续苦干 3 天 3 夜，王进喜没离开车站和井场。行李放在老乡家，一次都没去睡过。房东赵大娘看见王进喜这样拼命地干，对工人们说："你们的王队长可真是个铁人呐!"会战领导小组作出决定，号召全油田职工"学习铁人王进喜，人人做铁人"。

王进喜原本文化程度不高，但他爱学习，爱读毛主席著作。他说："学会一个字就搬掉一座山，我要翻山越岭去见毛主席。"通过认真学《实践论》《矛盾论》，他认识到："这困难，那困难，国家缺油是最大困难；这矛盾，那矛盾，国家没油是最主要矛盾。"要开钻了，但因当时水管线没接通，罐车又少，供水不足。王进喜就带领工人到附近水泡子破冰取水，用脸盆端了50多吨水，保证萨55井开钻。

"宁肯少活20年，拼命也要拿下大油田!"这是王进喜说过不止一次的话。他时时刻刻都在实践着自己的誓言。第一口井完钻后，王进喜指挥放架时，被滚堆的钻杆砸伤了脚，当时昏了过去。醒来时一看几个工人围着他抢救，井架还没放下来，就说："我又不是泥捏的，哪能碰一下就散了!"说完站起来继续指挥放下架子、搬家。队友把他送进医院，他又从医院跑出来，回到第二口井的井场挂着双拐指挥打井。钻到约700米时，突然发生井喷，井场没有压井用的重晶石粉。他们用加水泥的办法，提高泥浆比重压井喷。水泥加进泥浆池就沉底，又没有搅拌器，王进喜就扔掉拐杖，奋不顾身地跳进泥浆池用身体搅拌泥浆。经全队工人奋战，终于压住了井喷，保住了钻机和油井。

1970年11月15日，因医治无效，王进喜与世长辞，终年47岁。他把一生献给了祖国的石油事业。他拼搏奉献的精神永远激励我们前进。

49

"三老四严"的由来

20世纪60年代，松辽盆地上一场波澜壮阔的石油大会战培育了享誉全国的"三老四严"精神：对待革命事业，要当老实人、说老实话、做老实事；干革命工作，要有严格的要求、严密的组织、严肃的态度、严明的纪律。"三老四严"作为工作标准被提出，作为精神财富被继承发扬，在大庆油田、石油行业乃至全国产生了广泛而深远的影响。

"三老四严"发源于大庆三矿四队，即现在的大庆油田采油一厂第三油矿中四队。1962年，随着油田开发建设，队长辛玉和与12名工人组建了三矿四队。他们抬着两块床板，带着一把菜刀奔赴新区。辛玉和从第一口油井清蜡开始，就用放大镜一寸一寸地检查每口井长达1500多米的清蜡钢丝，确认合格后才交给岗位工人使用。

一天，辛玉和到井上检查，看见徒工小孙拿着一个新刮蜡片急匆匆往井上赶，辛玉和有点纳闷："小孙井上的刮蜡片前两天刚换过，怎么又领新的了？"他走回材料库，从材料员那里得知，原来小孙早晨清蜡时没有仔细检查，就关闭了清蜡阀门，把刮蜡片挤扁了，还让材料员帮他保密。辛玉和认为，小洞不补，大洞尺五，第二天就在小孙这口井上召开了事故现场分析会。党支部书记李忠和重点讲了事故原因及对待事故的态度问题。辛玉和激动地说:"干部是带队伍的人,我们怎么带,队伍就怎么走。我们不能严格要求自己和别人,队伍就不可能具有高度的革命自觉性。事故出在小孙,可根子在我身上,我这个队长只埋头抓生产,放松了职工的思想教育工作。"大家一致表态:"应该把那只变了形的刮蜡片挂在队上,让全队的人天天看到,时时想到,小孙的教训也是大家的教训,要说老实话,要办老实事,做老实人,要严格要求自己,对每一件事要具有一种严肃的态度,这样才能管好油井。"党支部因势利导,在全队开展"当老实人、说老实话、办老实事,严格要求,严明纪律"的"三老两严"活动。严细认真干工作的风气在全队形成。

1963年9月12日,战区召开工作会议,总结会战以来加强基层建设、培养队伍作风的经验,形成"三老四严"的工作要求。同年10月9日,《中华人民共和国石油工业部条例》对"三老四严"的内容进行具体阐述,并要求在全国石油系统贯彻执行。1964年2月24日,会战工委作出《关于开展向采油三矿四队学习的决定》。"三老四严"不仅成为大庆精神的主要内容,也成为今天石油精神的重要传承内容之一。

50

捞岩心

大庆石油工人钢铁般的革命意志，不仅表现在他们能够顶得住任何艰难困苦，更可贵的是，他们能够长期埋头苦干，把冲天的革命干劲同严肃的科学态度结合起来。这正是他们在同大自然作战的斗争中，战无不胜、攻无不克的法宝。

在油田勘探和建设中，工人为了判明地下情况，每挖一口井都要取全取准 20 项资料和 72 个数据，保证一个不少、一个不错。一天，3249 钻井队的方永华班，正在从井下取岩心。一筒 6 米长的岩心，因为操作时稍不小心，有一小截掉到井底去了。从地层中取出岩心来分析化验，是认识油田的一个重要方法。班长方永华当时瞅着一小截岩心掉下井底，抱着岩心筒，一屁股坐在井场上，十分伤心。他说："岩心缺一寸，上级判断地层情况，就少了一分科学根据，多了一分困难，掉到井里的岩心取不上来，咱们就欠下了国家一笔债。"工人们决心从极深的井底，把失落的岩心捞上来。队长劝他们回去休息，他们不回去。指导员把馒头、饺子送到井场，劝他们吃，他们说："任务不完成，吃饭睡觉都不香。"连续干了 20 多个小时，他们终于把一筒完整的岩心取了出来。

就是用这样的精神，大庆的勘探工人、钻井工人和电测工人们，不分昼夜，准确齐全地从地下取出了各种资料的几十万个数据，取出了几十里长的岩心，测出了几万里长的各种地层曲线。地质研究人员和工程技术人员根据大量的第一手资料，进行了几十万次、几百万次、几千万次的分析、化验和计算。那时候，大庆既没有像电子计算机这一类先进的计算设备，又要求数据绝对准确，难度和工作量可想而知。

正是因为有了这种自觉、这种毅力和实事求是的精神，在几万名大庆建设者的队伍中，形成了一种宝贵的、既继承了我们党的优良传统又在社会主义建设时期形成的全新的风气：他们事事严格认真、细致深入、一丝不苟。大庆人不论做什么工作，他们的出发点都是："我们要为油田建设负责一辈子！"

51

开凿青年洞

青年洞是有"人工天河"之称的红旗渠总干渠主要工程之一，位于河南省林州市任村镇卢家拐村西，是红旗渠的艰险工段。总干渠动工后，横水公社民工曾在这里绕山开明渠，县委和总指挥部领导技术人员通过现场考察，认为开明渠路线长，费工费料，决定开凿隧洞穿山而过。工地党支部召开为期两天的支部扩大会议，对施工任务作了安排，并向团支部部署任务，把卢家拐隧洞开凿任务交给了他们。工地团支部无条件地接受了这一艰巨任务。

1960年3月，工地团支部书记张汉良和技术人员钟志远等四人来到工地。他们看着清一色的崖壁，研究施工办法。横水公社九家庄村青年贾九虎腰系绳索，凌空作业，在崖崭上挖出炮眼，打响了开凿青年洞的炮声。四名炮手用高木杆把炸药包顶在石壁上放炮，硬是炸开一条梯形小道，为民工施工扫除了障碍，接着大队人马上阵。横水公社组织320名青年民工施工。青年们为增加工作面，加快工程进度，在金鸡垴上设下三角套桩，腰系绳索，手拿锤钎，悬空作业，在隧洞外壁开出5个旁洞，增加10个工作面，共12个工作面。但渠道山势弯曲而行，在悬崖绝壁上的几个工作面能不能对准是个难题。分管此段工程测量的技术人员钟志远，终日在崖壁爬上爬下，进行复测，一丝不苟。

在开凿青年洞的过程中，面对艰巨的施工任务，工地团委利用晚上召开团员青年会，一遍又一遍地学习毛泽东同志的《愚公移山》著作，学习刘胡兰、董存瑞等革命先烈的英雄事迹，提高青年们的凿洞勇气。有个青年叫郭福贵，横水公社郭家窑大队人，共产党员、退伍军人，任第二突击队队长，主攻开辟2号旁洞。这是青年洞最险要的地方，在阳凤山半腰中，往下看是几十丈深的悬崖峭壁，往上看巨石压顶。他带着两个青年炮手，腰系绳索，在悬崖上抡锤打钎放炮。他鼓励大家说："为了修成红旗渠，即便在这里牺牲了，比泰山还重。等大渠建成了，咱们在这里立上一块石碑，让后代知道他的前辈都是英雄好汉。"他们以移山填海的决心，一寸寸地向大山腹部凿进。郭福贵多次受伤，坚持不下"火线"，被评为红旗渠建设特等劳动模范。

1960年11月，工地党委执行上级"百日休整"指示后，改从全县修渠民工中抽调300名青年组成突击队，在漳河库渠管理所干部岳松栋带领下继续施工。经过17个月的英勇奋战，1961年7月15日青年洞凿通。因该工程施工由总指挥部共青团组织分工负责，凿洞民工由青年组成，故取名为"青年洞"。

52

"神炮手" 常根虎

　　红旗渠总干渠可以说是用炮崩出来的，而放炮全靠人工点燃，稍有不慎就会粉身碎骨。有一个放炮高手叫常根虎，他能根据不同的山势，灵活地采取放小炮、大炮、拐弯炮、平炮、斜炮等爆破技术，哪里出现未响的瞎炮，别人不敢去搬动，他却将个人的生死安危置之度外，一马当先去排除，为建渠大军开路。大家都称他是"神炮手"。

　　有一次，施工要经过一座山旁边的一个村庄。要想在山上进行威力巨大的爆破，炸药产生的震动和四处飞溅的石头，必然会对村庄内的房屋造成严重损坏。常根虎到来后，立马巡山找点、打眼装药，拉线布管，很快就成功地进行了爆破。

　　在修建红旗渠总干渠的时候，有一次来了一个拍摄组，要拍摄开山放炮的镜头，机位的布置成了一个难题，因为摄像机距离爆炸点远了拍不出来天崩地裂、乱石穿空的效果，但是机位距离爆破点近了又非常危险，摄制组为此非常头疼，谁也不知道机位到底定在哪里合适。这时候，他们想到了被誉为"神炮手"的常根虎。就问常根虎："老常，你说机器支到哪里？"老常略加思索，大手一挥，指着一个地方说就这里。记者们摆好机器准备拍摄，那边就开始点炮。"轰隆隆"的炮声响过，山体开裂，飞沙走石，天空中布满了大大小小的石头。大家虽然戴着安全帽，但心里捏了一把汗，石头飞起来之后，在重力作用下，又马上飞快下落，一阵"石头雨"噼里啪啦地落在了距离摄像机不远的地方。等大家缓过劲来，一起向常根虎竖起大拇指，真神！

有一次，在任村镇白家庄村北的山上放老炮。常根虎设计的拐弯炮洞，一次能装药 1000 多公斤。他点炮后就撤退，但是还没等撤到安全地方炮就响了。山崩石裂，流石滚滚，半架山都塌了。常根虎随着山石滚落到山下，远处的干部民工都以为常根虎这次完了，呼喊着前去抢救。等从山崖下找到他的时候，他仅仅受了点轻伤。

县委书记杨贵听说后，亲自来看望他。常根虎原名常根吾，老书记听说他大难不死，如山上的老虎一样英勇顽强，就说，常根吾不如改成常根虎，虎虎生威的爬山虎。从此，常根吾有了一个响当当的名字——常根虎。

53

撬开老虎嘴

红旗渠中的老虎嘴一段任务，是由林县泽下公社马兰大队大队长、共产党员王磨妞带领民工完成的。

1960年春节过后，王磨妞响应"重新安排林县河山"的号召参加红旗渠工程建设。他担任马兰大队大队长，带领本大队群众从林县最南端的山窝出发，奔波将近100公里，到达漳河岸边，在太行山的悬崖峭壁上摆开了战场。马兰大队起初到林县任村公社桑耳庄大队一带施工，在那里大干了20天。由于施工速度快、质量高，很快被抽调到山西省境内平顺县王家庄东边的"老虎嘴"地段施工，啃硬骨头。王磨妞曾回忆说："红旗渠总指挥部分任务时，分给了泽下公社（五龙镇的前身）4个作业点，其中的'老虎嘴'是最险要、最艰巨的一段工程。'老虎嘴'上面是近乎垂直的山壁，下面是滔滔的漳河水，作业面狭小，施工难度很大。"

接到任务的第二天，天一亮，王磨妞就带领民工们早早来到了工地。马兰大队民工一看是老虎嘴，有的说："这要掉下去就摔成肉泥啦。"这时王磨妞说："革命就得不怕死，老虎嘴虽险，再险它是死的，人是活的，只要有革命胆量，就敢撬开老虎嘴，架起红旗渠。"

要从老虎嘴里把红旗渠修过去，就得往里开8米宽、9米高的通道，然后才能在上边修渠。工程开始后，王磨妞腰系绳索，手抡大锤，在悬崖上打炮眼。老虎嘴上是花岗岩，石质特别坚硬。民工们打半天，钢钎打断一根又一根，才打出一个核桃大的小坑。

王磨妞和技术员从老虎嘴上边的"鼻梁"爬上去，查看打炮眼的地方。他们上去后，经过查看，终于在老虎嘴里找到了一层比较软的岩层。于是，他亲自带领 30 名身强力壮的青年，把行李背上老虎嘴。经过半个月的苦干，终于打成 5 个 5—7 米深的炮眼，装炸药 500 公斤，一声巨响，老虎嘴炸开了。

可是，当民工走近老虎嘴时，只见山风吹着活动的石头直往漳河里掉。要施工，就得凌空除险。王磨妞挺身说道："我下！"他的话音刚落，宋景山、王元锁等许多青年也站出来，几个人拉着一根绳争执不下。最后，王磨妞说："你们都不能下，我下！因为凌空除险咱没经验，一不小心就有生命危险，我是共产党员，在困难面前我有优先权！"他把绳在腰里结好，然后蹬着峭壁开始凌空作业。他用撬杠撬掉了老虎嘴上活动的石头，滚石掉进漳河，激起了高大的水柱。

王磨妞把险石除完，便又带领民工砌渠垒岸。经过几个月的苦战，老虎嘴终于被征服了。如今老虎嘴险峰仍在，它那紫红色的悬崖陡壁像石碑一样，铭刻下了林县人民的创业诗篇。

54

北大荒开拓者的旗帜

　　垦荒队，作为一个时代的象征，曾深深激励着全国青年。杨华，作为垦荒队的发起人之一，曾亲手接过团中央授予的"北京青年志愿垦荒队"大旗，带队挺进萝北荒原，深深扎根在北大荒这片黑土地上。

　　杨华，1932年出生在北京石景山区西黄村乡一个贫农家庭。1955年9月4日，杨华带领着垦荒队员们来到了人烟稀少的萝北荒原。这里生活异常艰苦，万顷荒原人迹罕至，到处是自由生长的野树、丛生的杂草，野兽经常出没。夏季，杨华和战友们住马架子；冬季，10月份才抢盖起的草房变成了"水晶宫"，杨华和战友们顶着零下40多摄氏度的严寒，度过了一个又一个难熬的夜晚。

　　在那段条件艰苦的垦荒岁月里，杨华总是冲在前面。有一次，在严寒的冬天，杨华主动提出担任运输队队长，用胶轮车和四轮车从小兴安岭运出盖房的木材，每天往返几十里路。寒风刮在脸上像无数的小刀子在割一样，有的队员脚冻伤了，有的耳朵冻出了大水泡，有的鼻子冻黑了。但是，杨华等人不畏严寒，咬牙坚持，运回了可建1200平方米住房的木料，出色地完成了任务。

　　为了充实大家的业余生活，杨华带领大家开展丰富多彩的读书学习和文化娱乐活动。为解决青年男职工的生活困难，他还动员几个有家属的发起人把家属作为垦荒队队员接到这里，组成拆洗组，为队员缝衣做饭，还成了队员们的知心大嫂。

受杨华事迹的影响，到 1956 年 9 月，全国共有 20 万名青年受到鼓舞参加了垦荒队。萝北荒原上先后迎来不同地区的青年志愿垦荒者 2600 多人，建立了青年农庄。

1957 年，北京青年垦荒队三易庄址，终于在白云石山下正式选定了庄点，这就是现在共青农场北京庄。

1959 年，青年垦荒队并入了国营农场，杨华先后到几个生产队当负责人，1974 年，任共青农场副场长。共青农场靠近两条河流，每逢汛期，两河洪水泛滥，淹没农田。农场领导决心要根治洪涝灾害。3 月的北大荒正值严寒季节，为了及早准确地绘制出修筑防洪堤的图纸，杨华带着水利科的同志开始了对作业区的全面考察。水利施工任务紧，踏勘工作异常艰苦。杨华患上了重感冒，同志们都劝他住院治疗，可他硬是坚持不休息，仍然亲自带队踏勘。1987 年汛期前，水利工程全面竣工了，杨华连续三天在大堤上观察，大堤起到了很好的防洪效果。

杨华把自己的青春年华乃至全部精力都献给了北大荒的开发和建设事业，成为北大荒开拓者的光荣代表。

55

农垦战线的老红军

刘海是原萝北农垦分局局长、党委书记兼萝北县委书记。他出生于江西省永新县一个佃农家庭，参加过长征和南泥湾开荒，曾被评为359旅的劳动模范。新中国成立后，刘海先后担任了北京公安2师6团团长和步兵预备7师21团团长。1958年，10万官兵转业北大荒，刘海也随预备七师从河南集体转业来到了北大荒。

初到萝北，刘海挺着残废的身躯，踏勘荒原，确定生产队网点。他曾亲自点燃烧荒的烈火，参加盖房修路，为职工群众解决吃住行等各方面的实际问题。他广泛动员干部职工积极开荒、播种、修路、盖房子。经过一年的辛勤劳动，当年开荒15万亩，播种2万多亩，生产粮豆68万公斤，盖起草木房屋5万多平方米，为2000多名职工家属解决了住房问题，还修筑了总场与各分场之间的道路，圆满完成了上级下达的生产建设计划。

刘海生活非常简朴，平时总是穿一身褪了色的战士服装，脚上穿的是布鞋。有一次，他穿着这身衣服去哈尔滨参加县委书记会议，竟被北方大厦服务员挡在门外，说他不像县委书记模样。他常对自己的孩子和同志们说，战争年代，红军、八路军空着肚子去打仗，蓝天当被，大地当床。现在有大米白面吃，有热炕睡，比过去强万倍，要身在福中而知福呀！他在家时经常是粗茶淡饭，下基层时同大伙一样就餐、一样掏钱，从来不搞特殊。

刘海在萝北工作期间，九口之家始终住在 3 间不到 60 平方米的平房里，房屋简陋透风，他都没有找人帮助修补一下。1962 年 5 月，王震同志到萝北农场视察时，特意到刘海家去看了看，建议他增加住房面积。刘海却说："我们县委领导干部都一样的住房面积，不要增加。"

1989 年 10 月 22 日，这位老红军在 78 岁生日之后溘然长逝了。人们永远怀念这位参加革命多年，南征北战、出生入死、屡建功勋的老战士，敬仰这位为开发北大荒作出卓越贡献的老党员。

56

密山火车站大动员

密山是位于祖国东北角的一个县城。1958 年春天，这个北大荒东部的大门，每天要吞吐近万名转业官兵，管吃，管住，还要迅速将他们送到荒原的各新建点。

铁道兵农垦局向农垦部告急，请示要车来解决运力不足的问题。恰巧，农垦部部长王震于 1958 年 4 月中旬来到密山。1958 年 4 月 12 日，这是北大荒开发史上值得纪念的日子。密山火车站广场红旗招展，人山人海。王震同志慢步走上主席台。站稳后，他把大衣脱掉，向会场上的人群频频招手。这时，一阵掌声响了起来。

王震对着话筒，用浓重的湖南口音作了题为《向捍卫祖国、建设祖国的战士致敬》的讲话。他说："欢迎同志们到北大荒来！我代表人民解放军总部，代表农垦部所属全国农牧场 50 万职工，向同志们表示慰问和欢迎……大家来开垦北大荒，这个任务是很艰苦的……在这里盘踞了 14 年的日本帝国主义者被消灭了，日本强盗、蒋介石匪徒，都被我们消灭了。在这没有人烟的地方，我们盖了房子开了荒。能完成艰巨任务，就能得到光荣，英雄的人民解放军是能战胜艰苦困难的。""你们都是当过排长、连长，也有当营长的，我也当过排、连、营长。同志们，在战场大冲锋，排、连、营长是在部队前头呢，还是跟在后面呢？"大家回答："在前面！""那么开垦北大荒呢？"王震又问大家。大家回答："也该在前面！""遇到艰苦困难怕不怕？""不怕！""苦战三年行不行？""行！"

"说到困难，目前就有一个具体问题需要解决。来到密山的转业军人很多，汽车运不过来。有的同志建议不坐汽车，走路，走上三天四天就到了自己的农场，早走早到，早到早生产。我看这个建议很好，有革命干劲，大家同意不同意？"战士们齐声回答："同意！"王震说："同意，明天早晨就出发！"

王震在这次大会上，鼓励转业官兵要能吃苦，要发扬解放军的优良传统，把北大荒建设好。

会后第二天，云集密山县城的转业官兵就迈开双脚，徒步进军荒原了。

57

马蹄坑会战

马蹄坑位于塞罕坝林场总场东北部 10 公里处，三面环山，南临一条小河，形如马蹄踏痕，共有 760 亩地，地势平缓，适宜机械作业。1964 年，塞罕坝林场第一任党委书记王尚海发现了"马蹄坑"。同年 4 月 20 日，王尚海与场长刘文仕精心挑选了 120 名员工，调集了最精良的装备，分成 4 个机组，挺进"马蹄坑"。

由于前两年的一度失利，王尚海的团队潜心研究，得出了一个重要的结论："苗木死亡不是内因造成的，而是外地苗木在调运中，容易失水、伤热，且适应不了塞罕坝风大天干和异常寒冷的气候造成的。"于是，林场决定自己育苗。育苗，并不是一件简单的事。冬天要用一些所需的药、冰、雪，加在一起，把苗冻起来。冻上 4 个月左右，一直到第二年春天，才可以解冻。当时的塞罕坝冬天很冷，生的炉子都烧红了也感觉不到热。培育种子期间，还必须要有专人看守，哪怕大雪封山，也要守着，为的是防止种子被偷。春天到来，解冻完之后要播种，等长出小苗后不仅要看着，还要用柳树枝搭起一人多高的帐篷，以防被大风吹倒或被鸟吃掉。

经过考察、摸索、实践，塞罕坝改进了传统的遮阴育苗法，摸索出了培育"大胡子、矮胖子"优质壮苗的技术要领，大大增加了育苗数量和产成苗数量，彻底解决了大规模造林的苗木供应问题。在此期间，林场改进了苏制造林机械和克罗索夫植苗锹，创新了"三锹半"缝隙植苗方法，大大提高了植苗速度。

造林的过程充满艰辛。造林时先平整地面，用机器把地面给耙平，再用投苗机植苗。之后，每棵树浇一点儿水，精心呵护，直到小树慢慢长大。四月的塞罕坝，白天气温通常在零度以下，每个人的雨衣外面都溅满了泥浆，冻成了冰甲，但没有一个人叫苦，也没有一个人叫累。到了晚上，林场职工就睡在提前挖好的地窖里，被窝里冰冷似铁。有人发明了一个办法，找一些砖头和石头，扔进火堆里烧热，再捡回去放在被窝里，抱在怀里，可以暖暖地入睡。

塞罕坝人在无数个奋战的日子里不知不觉种下了绵长的回忆和点点滴滴的希望。这一年，"马蹄坑"造林688亩，成活率达到了95%以上。塞罕坝奇迹真正开始了。

今天，马蹄坑会战的地方，高大茂密的落叶松已经成为林海。遵从老书记王尚海的遗愿，人们把他的骨灰撒在了这里，并将这片林子命名为"王尚海纪念林"。

58

六女上坝

1964 年夏天，承德二中陈彦娴、甄瑞林、王晚霞、史备荣、李如意、王桂珍 6 名正在备考大学的女高中生，怀着对林场的远大憧憬，不顾家人反对，奔向塞罕坝机械林场当工人。

从承德到坝上，距离并不远，却在路上颠簸了两天多。一条土路，似乎没有尽头。直到第三天下午 3 点多，六姐妹终于到了坝上，但她们被眼前的景象惊呆了："房子总共没有几间，到处是半人多高的野草，风沙吹得人根本睁不开双眼，一片荒凉！"

林场党委书记王尚海和场长刘文仕都来迎接，还亲自陪她们吃了上坝后的第一顿饭。陈彦娴曾说，那是她终生难忘的一顿饭："莜面饼又黑又黏，难以下咽。"后来，她得知，那是林场当时能拿出的最好的饭菜。在接下来的许多天里，她们吃的都是含有麦芒的黑莜面、土豆、咸菜，喝的是雪水、雨水、沟塘子水，有时粮食供应不上，就煮莜麦粒就盐水充饥。

六个青春勃发、风华正茂的高中女学生，就这样加入塞罕坝艰苦创业的大军，在荒漠上谱写她们的青春之歌。她们被分到千层板林场苗圃。"我们不是来机械化造林的吗？怎么会来淘大粪？"姑娘们疑虑重重。苗圃育苗用的是有机肥，赤手拿粪勺淘大粪也成了她们的日常工作。苗圃育苗同时是一项技术要求较高的工作，为了掌握好播种时盖土的薄厚和压实度，她们就拿播种用的滚桶和刮板一遍又一遍地练，手臂练肿了也不停。

由于上山造林没水喝，她们满嘴起泡，嘴唇干裂、张不开嘴，只能把干粮掰成小块儿往嘴里塞。一天下来，泥水糊得满身满脸都是，不说话分不清谁是谁。在山上忙碌时一身汗，下山时风一吹棉袄就被冻硬了。六个女孩还与男人一样，参与了上山伐树工作。她们在没过膝盖的大雪中伐树，再拿绳子捆好，用肩膀拉着树从山上向下滑。在凛冽的"白毛风"中，她们的脸、耳朵都冻得起了泡。经过上山伐树一个多月的磨练，上至林场领导、下到普通职工，都对她们刮目相看，开始佩服这几个来自城市的女孩。

有一年，许久没有与家人联系的六姐妹，渴盼着能回家过年，可是那年雪有一米多深。总场知情后，派了一辆大卡车送行，卡车前面是一辆 55 马力的链轨拖拉机推雪开道。前面推开了路，后面的路又立刻被狂风卷起的雪埋上。那次，走了一整天，才挪出四公里路。拖拉机掉进雪坑，汽车抛锚。路走不动了，家回不了了。六姐妹含泪眺望远方的家，一只手拉着另一只手，踏着深深的雪，摔倒了，再爬起来，摸着黑又返回了林场。

"六女上坝"的故事，感动了许多人。用她们的话说，为了林场的希望，再苦再累，一切都值得。

59

肯于吃苦的好战士

王杰，1942 年生于微山湖畔的山东金乡。1961 年 8 月 8 日，王杰积极响应党和国家的号召应征参军入伍，成为一名光荣的中国人民解放军战士。在新兵连，王杰严格要求自己，刻苦训练。集训结束后，王杰被分配到济南军区装甲兵某部工兵 1 连 6 班当战士。工兵的任务是架桥、修路、筑城、爆破、排雷、布雷，当工兵就得吃苦，全靠一把铁锹两只手，没有吃苦的精神不行。王杰的体力不算好，但为了磨练意志，他常常抢着干脏活重活。"哪里有困难，哪里最危险，哪里就有王杰。"这是 1 连战友对王杰的一致评价。

1962 年 1 月，王杰跟随部队赴海岛参加国防施工，每天坑道作业 12 个小时，他总是抢着到最危险的地方作业。为了熟练地掌握操作技术，他坚持每天早起晚睡练习抡大锤。扶钎的战友劝他休息，他坚决不同意，终于使双手磨出了厚茧，两臂练得结实有力，做到了打得准、速度快，被评为全连打锤标兵。

一个初春的深夜，工兵 1 连奉命去执行架桥任务。他们来到河边的预定地点，王杰所在排担任在水中打桩的艰巨任务，这需要 6 个有力气、技术高的战士去完成。王杰刚入伍半年，论条件轮不到他。他急向班长请求说："班长，让我下去锻炼锻炼吧！"班长还未回话，他就脱下棉衣，跳进齐腰深的冷水里。2个人稳住桩，4个人高高抬起夯往下夯。由于正值严寒，战士都冻得直打哆嗦。王杰挺了挺身喊道："同志们哪，加油干呀，想一想罗盛教跳进冰窟窿里抢救朝鲜少年就不冷了！"他这一喊，工地上活跃起来，桩打得更有劲了。工地上实行轮班作业，该换班了，5位同志都上了岸，可是王杰却坚持干了两班才上岸。他上岸后穿上棉衣，又不声不响地和同志们一起去抬桥板。

1963年8月，王杰所在部队奉命到天津市静海县执行抗洪抢险任务。一天夜里，上级命令他们到木料场去抢运木材，堵住将要决口的涵洞。木料场被洪水淹没，必须派人探出一条安全的路来，大家才能顺利进场。王杰抢先要求担负这项探险任务。他在齐胸的水中探索前进，好几次掉进没过头顶的深坑，在寻找进出口时，王杰的腿上、手上被水下的铁丝网划开道道伤痕。最后，王杰和战友们克服重重困难，终于把木材抢运出来。

60

用生命践行誓言

自从入伍以来，王杰就用英雄人物激励自己，刘胡兰、董存瑞、黄继光、邱少云、雷锋，都是他心中的英雄和学习的榜样。他在日记中写道："一个人活在世界上，活要活得有意义，死要死得有价值。为了祖国，为了人民，就死得其所，死得光荣。""我们要一不怕苦，二不怕死，做一个大无畏的人。"

1965年7月，工兵1连奉命来到江苏省邳县（现邳州市）张楼人民公社执行民兵训练任务。王杰认为："训练民兵是我们的一项重要任务之一，把民兵带好，不仅有现实意义，从长远来看，还具有战略意义，我们一定要去掉一切私心杂念，圆满完成上级交给的民兵训练任务。"

7月14日清晨，王杰像往常一样开始新一天的工作，他将带领民兵进行最后一项训练，同时也是最复杂的"绊发防步兵应用地雷"实爆。这种实爆，王杰非常熟练，但是为了安全，他让民兵们在训练场等着，独自来到几十米外的河边进行试验，接连两次的实爆都成功了。

两次试验成功，民兵们非常高兴。实爆作业开始了，民兵和武装干部聚精会神地围在雷坑的周围看着王杰操作。王杰把炸药包放在雷坑内，一边埋土，一边说："一定要像战场上那样，让敌人发现不了我们的雷。"一切都设置好后，他又做了最后一次检查。就在这时，连接的拉火管突然引爆，被接入炸药包的导火索旋即被引燃。千钧一发之际，眼看在场的民兵和武装干部的生命安全受到了严重威胁，王杰大呼一声："快闪开！"毅然伸开双臂扑向即将引爆的炸药包……

为了 12 名民兵和武装干部的生命，年仅 23 岁的王杰献出了自己宝贵的生命。在当地政府和驻地群众的一再请求下，部队决定把王杰安葬在他光荣牺牲的地方。1965 年 7 月 16 日上午，当地政府为王杰举行了简朴而又庄严的安葬仪式，方圆几十里的广大群众和部队官兵组成了隆重的送葬队伍，纷纷来给这位舍己救人、不怕牺牲的好战士送行。

三、改革开放和社会主义现代化建设新时期的精神故事

以党的十一届三中全会召开为标志，我国进入改革开放和社会主义现代化建设新时期。这个时期，中国共产党团结带领全国各族人民风雨同舟、披荆斩棘、砥砺奋进，绘就了一幅波澜壮阔、气势恢宏的历史画卷，谱写了一曲感天动地、气壮山河的奋斗赞歌。

2018 年 12 月 18 日，习近平总书记在庆祝改革开放 40 周年大会上的讲话中强调："改革开放铸就的伟大改革开放精神，极大丰富了民族精神内涵，成为当代中国人民最鲜明的精神标识！"[①]《18 枚"红手印"摁响"惊雷"》《村民自治第一村》《放权让利激发活力》体现和反映了伟大改革开放精神。

2020 年 10 月 14 日，习近平总书记在深圳经济特区建立 40 周年庆祝大会上的讲话中指出，要继续发扬敢闯敢试、敢为人先、埋头苦干的特区精神，激励干部群众勇当新时代的"拓荒牛"。在新起点上，经济特区广大干部群众要坚定不移贯彻落实党中央决策部署，永葆"闯"的精神、"创"的劲头、"干"的作风，努力续写更多"春天的故事"。讲话催人奋进，更道出了特区精神的真谛。《"拓荒牛"雕塑》《三天一层楼》《炸响改革开放"第一炮"》等故事反映了特区精神。

1998 年夏，暴雨频发，洪水肆虐大半个中国。长江、松花江、

---

① 习近平：《在庆祝改革开放 40 周年大会上的讲话》，人民出版社 2018 年版，第 14 页。

珠江告急……全国2亿多人受灾,不少工厂、良田被洪水吞噬。危难之际,在党中央坚强领导下,全党全军全国各族人民紧急行动,特别是受灾省份的广大干部群众同前来支援的解放军指战员、武警官兵一起,团结奋战,力挽狂澜,同洪水进行了惊心动魄的殊死搏斗。在这场抗洪抢险斗争中形成的伟大抗洪精神,成为中国人民弥足珍贵的精神财富。2021年2月20日,习近平总书记在党史学习教育动员大会上的讲话中强调,要进一步发扬包括抗洪精神在内的革命加拼命的强大精神。《誓与大堤共存亡》《"生命之舟"大营救》《战斗到最后一刻》等故事反映了抗洪精神。

2003年7月,胡锦涛同志在全国防治非典工作会议上的讲话中指出:"面对非典的挑战,全国各族人民大力发扬万众一心、众志成城,团结互助、和衷共济,迎难而上、敢于胜利的精神,生动地体现了我们伟大民族精神的强大力量。"① 抗击"非典"的24个字的精神,是对人民群众抗击"非典"伟大精神的精辟概括,是对民族精神的新的丰富,是鼓舞全党和全国人民夺取抗击"非典"斗争胜利的强大动力。《永远的白衣战士》《抗击"非典"的"诺亚方舟"》《越是危险越向前》等故事反映了抗击"非典"精神。

2008年5月12日14时28分,我国发生了四川汶川特大地震,受灾地区人民生命财产蒙受了巨大损失。在党中央坚强领导下,全党全军全国各族人民众志成城、迎难而上,迅速展开气壮山河的抗震救灾工作,奋勇夺取抗震救灾斗争重大胜利,谱写了感天动地的英雄凯歌。在波澜壮阔的抗震救灾斗争中,我们用理想凝聚力量、用信念铸

---

① 《十六大以来重要文献选编》(上),中央文献出版社2005年版,第394页。

就坚强、用真情凝结关爱，大力培育和弘扬了伟大抗震救灾精神。《迅速反应科学施救的"尖刀部队"》《最后的姿势》《永不消逝的生命连线》等故事反映了伟大抗震救灾精神。

探索浩瀚宇宙，发展航天事业，建设航天强国，是我们不懈追求的航天梦。党中央作出实施载人航天工程重大战略决策以来，广大航天工作者心怀伟大梦想，接续迎难前行，让"长征""神舟""嫦娥""天宫"等，一次次进入公众视线，一次次刷新中国高度，不但取得了举世瞩目的伟大成就，更培养和发扬了伟大载人航天精神。载人航天精神，是"两弹一星"精神的发扬光大，是以爱国主义为核心的民族精神和以改革开放为核心的时代精神的生动体现。《使命重于生命》《舒适便利的"太空之家"》等故事反映了载人航天精神。

在长期实践中，我们培育形成了爱岗敬业、争创一流、艰苦奋斗、勇于创新、淡泊名利、甘于奉献的劳模精神。《百尺高空"穿针引线"》《把小事做圆满做极致》体现了劳模精神。

2019 年 9 月 30 日，习近平总书记在会见刚刚获得 2019 年女排世界杯冠军的中国女排队员、教练员代表时强调，广大人民群众对中国女排的喜爱，不仅是因为你们夺得了冠军，更重要的是你们在赛场上展现了祖国至上、团结协作、顽强拼搏、永不言败的精神面貌。在欢呼、赞誉、鲜花背后，女排姑娘们数十年团结拼搏的身影早已成为几代国人共同的成长记忆，她们所缔造的女排精神更是早已超出了体育范畴，成为激励国家前行、民族奋进的精神力量源泉。《中国女排五连冠》《"竹棚馆"走出世界冠军》反映了感动中国、激励中国的女排精神。

61

18 枚 "红手印" 摁响 "惊雷"

安徽省凤阳县小岗村曾经是出了名的 "三靠村" ——吃粮靠返销，生产靠贷款，生活靠救济。群众生活条件十分艰苦。

饿怕了的小岗人心里明白，想吃饱饭，必须分田单干！ 1978 年冬天的一个夜晚，在小岗村一间破旧茅草屋内，18 位庄稼汉立誓为盟，就着昏黄的油灯，签订 "秘密协议"，分田到户，按下鲜红手印。当晚，生产队的土地、耕牛、农具等按人头分到了各家各户，轰轰烈烈的 "大包干" 由此开启。

宛如平地一声惊雷，我国农村改革的序幕从此拉开，彻底打破 "一大二公" 的人民公社体制，解放了农村生产力，使我国农业发展摆脱长期短缺状态，解决了农民的温饱问题。次年，小岗村便迎来丰收，粮食总产量达 13.3 万斤。18 枚 "红手印" 催生的家庭联产承包责任制，最终上升为我国农村基本经营制度。

2016 年 4 月 25 日，习近平总书记到小岗村考察时指出，当年贴着身家性命干的事，变成中国改革的一声惊雷，成为中国改革的标志。新时代，小岗人继续发扬 "敢为天下先" 的改革精神。从 2017 年开始，小岗村的分红大会已经连续举办多次，分红实现 "大连增"。

2023 年，小岗村集体经济收入突破 1400 万元，人均可支配收入超过 3.4 万元。

2018 年，党中央、国务院授予小岗村"大包干"带头人"改革先锋"称号，颁授"改革先锋"奖章。

62

村民自治第一村

"村民自治一枝花，她在合寨发新芽，民主选举好领导，小康路上大步跨。"这是刘三姐的故乡——广西河池市宜州区屏南乡合寨村村民最爱唱的一首歌。1980年，合寨村率先通过选举成立村民委员会，成为"村民自治第一村"。

1980年，合寨村分田到户后，村民生产积极性被调动起来，群众忙着耕种自家地，集体事务顾不上，原有的生产队管理体制成了"空架子"，治安状况下降。

为改变这种状况，1980年2月5日晚，当时的合寨村果作屯第一生产队队长韦焕能召集其他5个生产队干部，在大樟树下召开党员干部和村民代表会，提出了建立新的管理组织和选举村领导班子的想法。有人提议："城里人叫居民，有居民委员会，村里的人不就是村民吗？我们就叫村民委员会吧。"

第二天，村前的球场上搭起了台子，拉起了横幅，全村143位群众代表一个个走上前，投下庄严一票，揭开了中国农民"直接行使民主权利，依法办理自己的事情，创造自己的幸福生活"的历史序幕。经过投票选举，韦焕能当选第一任村委会主任，并通过了《村规民约》。一种适应家庭经营生产形式的新组织，就这样在一个偏僻的山村诞生了。合寨村村民委员会成立后，每位村民都在《村规民约》《封山公约》上签了名、摁了手印，自此村里的风气明显好转，乱象大大减少，村民们越来越团结，对村屯公共事务也有了更强的责任感。

合寨村的变化，引起了周边村屯的关注和学习，在 1982 年，当时的宜山县（今宜州区）2000 多个自然村中，已经有 598 个建立了村委会。1982 年 12 月，我国修订颁布的宪法明确把我国农村基层群众性自治组织确定为村民委员会。1983 年起，建立村民委员会的试点工作在全国范围内普遍开展。

63

放权让利激发活力

20 世纪 80 年代初，农村的家庭联产承包责任制改革出现了明显成效，以集体所有制为主的乡镇企业也蓬勃发展起来。要不要在这个基础上将改革向城市全面推进，成为大家思考的问题。

1984 年 3 月，福建省 55 名厂长、经理给省委领导同志写信，要求为企业"松绑"。《福建日报》在头版头条的位置发表了这封对中国企业有着重要意义的信——"请给我们'松绑'"。之后，《人民日报》《红旗》等媒体纷纷转发，在全国引起了轰动。

当时还在天津重型机器厂当车间副主任的蒋子龙写了一部风靡一时的改革小说《乔厂长上任记》，塑造了国企改革典型——乔光朴。乔厂长把全厂近万名职工都推上大考核、大评议的第一线，把不称职人员撤离岗位，迅速提高了生产人员的素质，使全厂劳动生产率大幅提高。这部小说因为反映了时代的改革心声受到热烈欢迎。

在浙江，海盐衬衫厂厂长步鑫生"用一把剪刀剪开了中国企业改革的帷幕"，学习农村的联产承包责任制，在车间实行了"联产计酬制"。做多少衬衫，就拿多少工钱，上不封顶，下不包底。一系列改革措施使这个小厂的产品畅销上海、北京、广州等大城市。

1984 年，石家庄造纸厂销售科长马胜利毛遂自荐承包厂子，并主动把承包指标从 70 万元调高到 140 万元。针对造纸厂存在的问题，他推出了改革"三十六计"和"七十二变"。比如在产品结构上，把卫生纸的包装由 1 个规格改为 6 个规格，有圆的、方的、长的、短的、大包的、小包的。为了开拓市场，他专门成立信息情报室，并在销售业务员中开展新客户开辟奖。这些改革措施现在看来并不多么"高大上"，但在当时都属于突破之举，大大提高了职工的积极性。到年底，石家庄造纸厂超额完成承包指标。马胜利也被冠以"马承包"，而成为全国闻名的风云人物。

1987 年 6 月起，承包经营责任制在全国普遍推行，极大地激发了企业的积极性，仅仅两个月就一举扭转了全国工业企业实现利润连续 22 个月下滑的局面。全面推行承包经营责任制 20 个月后，全国预算内工业企业增创利税 369 亿元，相当于 1981 年至 1986 年 6 年间企业所创利税的总和。承包制兼顾国家、企业、职工三者利益，实现了国家财政、企业留利、职工收入共同增长的新格局。

64

"拓荒牛"雕塑

在深圳市委大院门口，有一座名为"拓荒牛"的青铜雕塑：一头健壮的牛，头抵向地面，四脚用力后蹬，拉着身后一段腐朽树根，竭尽全力向前。这座雕塑已深深融入深圳的血脉中，成为深圳最重要的标志之一。每天都有不少外地来的游客，在这里拍下一张张纪念照。

1980 年，特区成立之初，深圳市希望能在市委、市政府大院内建一座雕塑，体现特区精神，鼓舞广大干部群众。有关部门找到中国著名雕塑家潘鹤，表达了这一想法。当时，就雕塑采用什么形象，有过一番争论。有人提议，用狮子，显示威严；有人提议，用大鹏鸟，既象征"鹏城"深圳，又寓意特区如大鹏展翅，一飞冲天；还有人说，做一个莲花喷水池，希望深圳"出淤泥而不染"。在潘鹤看来，大鹏鸟不是在山顶，不能展翅高飞，"市委大院只有几层高的楼房，将来深圳到处高楼大厦，大鹏正在起飞，就像被关在笼里"。提议都被一一否决了。潘鹤认为："雕塑体现的精神要历久弥新，一定要慎重。"

到底什么形象最能代表特区精神呢？一个情景在潘鹤脑中一闪而过："特区里那些忙碌着的推土机、拖拉机、汽车和建设者不正像一群牛吗？改革开放、搞特区建设，深圳特区从无到有，要求我们这一代人奋斗到底，雕塑一个'开荒牛'最合适不过了。"潘鹤决定，牛的姿态不选择昂首挺胸，而是低着头，象征埋头苦干的精神。

创作过程中的一次偶然，潘鹤在宝安一处农舍旁看见两块老树根，由此迸发了灵感："搞特区就是要'开荒'，要拔掉'劣根'。"他花8元钱买下了这两块树根，放在了雕塑身后，让牛展现出奋力牵拉树根、尽力一搏的姿态，为雕塑注入了警示和激励的意味。

1984年7月27日，重4吨、长5.6米、高2米、基座高1.2米，以花岗石磨光石片为底座的大型铜雕塑落成，立于市委大院内。1999年，深圳市将铜雕塑整体迁到了大院门口的花坛上，并将办公大院围墙后退10米，便于市民参观。

65

三天一层楼

1984 年 3 月 15 日，新华社向全世界发布了一条消息：正在建设中的中国第一高楼——深圳国际贸易大厦主体工程建设速度创造了"三天一层楼"的新纪录，这是中国高层建筑历史上的奇迹，标志着中国建筑行业的实力步入了国际先进行列。"三天一层楼"就此成为"深圳速度"的标志享誉至今。

1982 年，深圳市政府准备筹建一栋大楼，作为全国各地在深圳的窗口，命名为"深圳国际贸易中心"。1982 年 4 月，由深圳物业集团作为甲方单位，中建三局承建的国贸大厦在罗湖破土动工。当时，中建三局同时正在竞标一个外资项目，但是大家认为国贸大厦是深圳经济特区的标志性建筑，足以载入史册，于是放弃了外资项目，并以独特的滑模施工技术中标国贸大厦工程。

滑模施工技术的优点是效率高，但是难度非常大，建筑行业并未广泛使用。从 1983 年 6 月到 10 月，中建三局整整攻关了 4 个月。前几次试验都失败了，根据新的研制方案，第四次试滑于 1983 年 9 月 18 日 21 点开始。随着一声令下，搅拌机和输送泵开始轰鸣。水泥每浇灌 30 公分，滑模将提升一次。23 点是预定的第一次滑模提升时间，工地上一片肃静。紧接着，分布在 1530 平方米操作面各个关节点位置的576个油压千斤顶同时启动。自重280吨、结构庞大的滑模，慢慢地同步被顶升起来，一公分又一公分。混凝土墙脱离了模板，像一排长城，稳稳地矗立在眼前！青灰色的墙体柔和、光滑、坚实，没有一丝裂缝。脱离模板怀抱的墙体，迅速地凝固、成型，强度达到了设计要求。继续浇灌，继续提升，滑模整个提空后，宣告一层大楼完成。经过激光检测，楼层的水平度和垂直度完全符合标准（最后大厦竣工时，大厦的倾斜度只有3毫米，远远超过了国际水准）。

第四次滑模成功了！这立刻使施工效率提高了一倍：从15天一层，变成7天一层。1984年3月，大厦建到20层以后，由于工艺水平的提高，这个纪录又不断地被刷新：6天一层，5天一层，4天一层。建到30层，终于实现了3天一层——"深圳速度"由此诞生！

1984年9月4日，国贸大厦主体工程顺利完成。封顶仪式上，工人们买了一挂总长160米的鞭炮，从楼顶直挂下来，用钢丝绳拉着，足足燃放了20多分钟。

66

炸响改革开放"第一炮"

1979 年,"改革开放第一炮"在蛇口工业区打响。这一炮撼动的不仅是土地,还有板结的体制、僵化的思想,也让蛇口成为全国第一批创业者实现梦想的地方,铸就了"蛇口模式"的经济奇迹。这一炮的主导者是改革先锋袁庚。

1978 年,已经 61 岁的袁庚担任招商局常务副董事长,随后在深圳创办蛇口工业区,并进行一系列改革开放探索。那时候的蛇口是穷乡僻壤,只有两口淡水井,经济发展硬件、软件的基础都很薄弱。就是在这样艰苦的条件下,牢记全心全意为人民服务的根本宗旨,时任蛇口工业区负责人的袁庚等共产党员"逢山开路、遇水架桥",以改革创新的精神、勇于担当的作为,炸响改革开放的"开山炮"。

1979 年 8 月,蛇口工业区首项工程——蛇口港开工。袁庚开创性地打破大锅饭,实行定额超产奖励制度。工人们干劲大增,工程进度迅速推进。在袁庚带领下,蛇口工业区在全国率先推行了企业的管理体制、分配体制、干部人事制度、住房制度、金融改革等一系列改革试验,创下 24 项全国"第一"。这一系列改革及其复制推广,有效激发了企业的创造力和发展活力,解放和发展了社会生产力。同时,积极推动对外开放,探索发展模式创新,形成了独特的"蛇口模式",

即企业摆脱行政干预，充分发挥自主权，按照市场法则和经济规律办事，运用经济手段管理经济、搞活经济。在"蛇口模式"带来的良好投资与商业环境下，蛇口工业区创办孵化了一大批具有"蛇口基因"的优秀企业，如中国第一家股份制企业——南山开发，第一家由企业创办的股份制银行——招商银行。1984 年 10 月 1 日，在新中国成立 35 周年国庆庆典上，写着"时间就是金钱，效率就是生命"标语的蛇口工业区彩车，亮相天安门广场。

在袁庚执掌招商局的 14 年里，招商局资产翻了 117 倍，一个百年企业重新焕发生机。2016 年 1 月 31 日，袁庚因病逝世，享年 99 岁。2018 年，袁庚荣获"改革先锋"称号；2019 年，荣获"最美奋斗者"荣誉称号。

67

誓与大堤共存亡

常去武汉汉口龙王庙公园的市民，都知道公园里有一组巨型浮雕——武汉 1998 抗洪图。八幅浮雕中的第三幅记载的是生死牌的故事。这是一段每每忆起 1998 年抗洪都必然提及的经历。

龙王庙险段位于长江、汉江交汇处，背后即是繁华的汉正街。1998 年 8 月上旬，当第四次洪峰扑向武汉时，武汉关水位已达到 29.39 米，超过了 1954 年长江特大洪峰时的最高水位。1998 年 8 月 7 日，湖北武汉龙王庙闸口挟风裹雨、浊浪翻滚，面临决堤危险。已坚守龙王庙闸口 40 多天的守闸人员，精神和体力消耗几近极限，可水位还在一天天上涨。如何能让大家坚持下去成了必须面对的问题。守闸的同志们商量后，决定在大堤上成立临时党支部，立一块生死牌，16 名党员签上自己的名字，"誓与大堤共存亡"。

唐仁清是第二个签字的，他后来回忆说当时感觉"手中的笔不轻"。一起签下名字的还有：黄义成、李建强、易先云、黄启雁、骆威、黄志刚、马晓君、王开若、陈晓健、徐斌、喻传喜、余光钧、雷宽喜、王全、李立华。这些守堤人员说，在最困难最疲惫的时候，看一眼牌子上的誓词，就来了精神，就有了劲头，就知道了自己的责任多么重大。当时，签名者之一的李建强胃病犯了，疼痛难忍，他隐瞒病情，用手顶着胃部巡堤查险，一个多月下来瘦了 10 多公斤，昏倒多次，仍坚守在第一线。生死牌的故事不但反映了这 16 名党员在抗洪抢险中的贡献，而且体现了各级党组织和广大党员顽强拼搏、不怕牺牲的精神。

抗洪胜利后，这块生死牌被运送到北京，送入当时的中国革命博物馆作为一级文物收藏，成为 1998 年抗洪抢险的历史见证，在《复兴之路》展览和新中国成立 70 周年大型成就展上，都得到重点呈现。

68

"生命之舟"大营救

1998年，广州军区某舟桥旅在西起宜昌东至九江这个长江最险要的千里江段上，连续奋战70多个日日夜夜，水中营救群众6.1万多人，安全转移群众7.9万多人。湖北人民亲切地把他们誉为洪水中的"生命之舟"。

1998年7月22日凌晨，黄石市连降暴雨，山洪暴发，城区发生了罕见的内涝和泥石流，2万多名群众被洪水围困。接到抢险命令时，该旅3个营500多名官兵顾不上吃饭，冒着瓢泼大雨到达黄石。黄石六中有300多名学生被困在学校的楼上。三营的冲锋舟赶去营救时，多次被水里的障碍物撞翻，战士们索性跳入水中，前拖后推。水面上到处漂浮着粪便、垃圾，一浪打来，不时有死老鼠打在脸上，气味十分难闻。官兵们顾不得这些，一趟又一趟地接送，终于把300多名学生全部安全转移。焦急等待的学生家长看到孩子被救都对子弟兵充满感激之情。经过10多个小时的奋力抢救，黄石市2万多名被洪水围困的群众全部安全脱险。

在簰洲湾营救行动中，全旅官兵以对党和人民的无限忠诚，用生命和鲜血谱写了该旅抢险救灾最悲壮的一页。8月1日20时25分，嘉鱼县簰洲湾民堤因管涌发生溃口，4亿多立方米的洪水以3层楼高的落差，疯狂地扑向堤内。黑暗中，洪水的咆哮声、房屋的倒塌声、群众的哭声响成一片。舟桥旅五营199名官兵当即脱下自己的救生衣，往群众身上套。排长高文清在汽车将被大水冲翻的时候顺手抓起一个汽车坐垫准备自救。这时，身边一个小女孩看到突如其来的洪水吓得直哭，高文清一把抱起女孩就跳入水中，拼尽全身的力气，借着坐垫的浮力和水势，硬是把孩子托上了岸。战士罗伟峰连续多次跳进洪流，把多名老人、妇女和儿童救上了大堤。

在这次大营救中，舟桥旅有两位年轻的新战友，还没来得及过上军旅生涯中的第一个建军节，就被无情的洪水吞没，再也没有回来。那天晚上，19岁的战士杨德文在汹涌咆哮的洪水中，被一名妇女死死抱住了脖子。杨德文一边将这名妇女朝安全地段推，一边拼命脱下自己的救生衣套在她的身上，刚往前推了十几米，突然又听见后面传来求救声，一位60多岁的老大爷站在摇摇欲坠的房顶上，不停地打颤。杨德文迅速游过去，将老大爷从房顶上接了下来，刚一离开，房子就倒塌了。杨德文用肩膀将老人顶上了树。他对老大爷说："您一定要抱紧树，不久就会有人来救您的，我还要去救别人。"话音刚落，一个巨浪打来，小杨被卷入洪流，再也没有露出头来。就在杨德文奋力抢救老人的同时，刚满20岁的战士叶华林，在一片树林中寻找和抢救被洪水冲散的群众。突然，不远处传来呼救声，他循声游过去，只见一个8岁左右的小女孩正在一堆漂浮的稻草中挣扎。叶华林经过20多分钟的搏斗，终于将小女孩送到一棵树上。就在他准备再去救人时，一排巨浪迎面打来，他的头撞在树上，随即被汹涌的洪水卷走了。

69

战斗到最后一刻

李向群生前是广州军区"塔山守备英雄团"九连一班战士。1998年8月4日，正在家乡探亲的他从电视里看到长江流域水灾的新闻后，立即中止休假赶回驻守在广西桂林的部队，次日即随部队奔赴湖北公安县弥市参加抗洪抢险。

8月7日凌晨，李向群和全连官兵刚下车，来不及休整就奔上危在旦夕的大堤，投入加固堤坝、压制大堤散渗的抢险战斗。

第一次与洪水交手，李向群干得特别猛，不间歇地扛包50趟，衣服被汗水湿透。

夜深了，劳累一天的官兵们进入了梦乡，李向群和班长爬起来巡堤，当他俩巡查到荆江大堤大口村段时，在稻田里发现一个直径达31厘米的特大管涌，喷出的浊水将碗口大的卵石冲起半米多高，情况万分危急！

"快发信号！"李向群大喊一声，随即冲向附近的一堆沙袋，抱起两袋就往管涌口堵，泥沙喷了他一头，眼睛和鼻子里也灌进不少，冲起的卵石砸伤他的手，但他仍死死地用身体压住沙包，直到增援部队赶来。天亮后，在附近稻田里又相继发生多处管涌，排长叫李向群休息一会儿，他却说："这个节骨眼上下去，还叫什么突击队员？"说完扛起沙袋，又投入到围堰排险的战斗中。

8月16日，长江第六次特大洪峰直泻而下，荆江各段干堤、子堤险象环生。这天夜里，李向群所在连队奉命从弥市紧急驰援公安南平镇大堤。风雨里，李向群又是第一个跳入江水里挡浪涌、垒沙袋。奋战中，他看见一个巨浪险些将站在江水最湍急处垒沙袋的新战士卷走，便一把将那名战士拉开："这里太危险，靠边点！"说完，他却站在了新战士的位置上。

经过大半夜奋战，管涌被牢牢控制住了。乡亲们将官兵们领到村里小憩。在一农户家门前，满身泥水的李向群把伸进屋的脚又缩了回来，他指指鞋子对大伙儿说："泥巴太多，会弄脏老乡家的地板，就在屋檐下休息吧。"

8月21日早晨，南平镇大堤发生堤基塌陷的重大险情，连续高烧数日、被连队干部强行送到镇医院住院的李向群得知后，偷偷溜出医院，搭乘兄弟单位的一辆大卡车赶到大堤参加抢险。上午11时，李向群扛着沙袋上堤时，终因极度虚弱疲劳，心力衰竭，一个踉跄栽倒在大堤上。

就在大家把李向群往救护车上抬的时候，他苏醒过来，吃力地说："不要让我住院，我要上大堤……"话没说完就闭上了眼睛，任战友们怎样呼唤，李向群再也没能醒来。8月25日，2万多名群众自发从各地赶来，送别这位可敬的抗洪勇士。

70

永远的白衣战士

2003 年，"非典"来袭。在抗击这场灾难时，涌现出许多值得我们纪念的英烈，叶欣就是其中之一。

叶欣，1956 年出生于广东徐闻一个医学世家。1974 年，叶欣被招进广东省中医院卫训队。1976 年毕业时，因护理能力测试成绩名列前茅，叶欣被留院工作。1983 年，叶欣成为广东省中医院二沙岛医院急诊科护士长。

急诊科是广东省中医院最大的护理单位，下设 120、补液室、抽血室、注射室、留观室、治疗室 6 个部门。叶欣在急诊科一干就是几十年。每当急诊科有传染性疾病患者前来就诊时，叶欣都冲在前面。1996 年，叶欣加入中国共产党，多次被评为"先进工作者""优秀护士""优秀护士长"。叶欣在担任护士长期间，刻苦钻研新知识。1995 年，她撰写的论文《甲黄膜液对褥疮治疗护理的应用研究》获广东省中医药管理局科技进步三等奖。直到去世前，叶欣共发表论文 13 篇。

2003 年春节前后，非典型肺炎开始在广州一些地区流行。叶欣所在的二沙岛分院急诊科按照部署，做好了排查和紧急抢救"非典"病人的准备。面对急剧增多的患者，身为共产党员的叶欣紧张排班，夜以继日地忙碌着。

急危重"非典"患者本身有极强的传染性，在抢救的过程中，为了保持患者呼吸道通畅，必须将堵塞其间的大量脓血痰排出。面对医务人员可能被感染的巨大危险，叶欣和时任二沙岛分院急诊科主任的张忠德默默作出选择——尽量包揽对急危重"非典"患者的检查、抢救、治疗、护理工作，有时甚至把同事关在门外，尽量避免同事感染。

3月4日中午，极度疲倦的叶欣开始出现发热症状，后确诊染上了非典型肺炎。为救治叶欣，医院在最短时间内成立了治疗小组，抽调专家负责全程治疗方案的实施。面对前来治疗的医生，已不能说话的叶欣却示意护士递给她纸和笔，颤颤巍巍地写道："不要靠近我，会传染。"多少人的努力和呼唤，都没能挽留住叶欣匆匆离去的脚步。3月25日1∶30，就在叶欣最后抢救、也是传染给她"非典"的那位患者健康出院后不到一个星期，叶欣永远离开了她所热爱的岗位、战友和亲人，年仅47岁。

人们永远致敬、缅怀这位勇敢的白衣战士，她被追授"全国优秀共产党员""人民健康好卫士"称号，荣获"白求恩奖章""南丁格尔奖章"。2009年，当选"100位新中国成立以来感动中国人物"；2019年，荣获"最美奋斗者"称号。

71

抗击"非典"的"诺亚方舟"

2003 年 4 月下旬,"非典"疫情肆虐北京,确诊病例急剧增加,防疫形势异常严峻,专门收治"非典"患者的小汤山定点医院应运而生。

2003 年 4 月 21 日,经专家勘察、研究后,北京市决定在小汤山镇建立一座拥有 500 间病房、1000 多张床位的一级传染病医院——小汤山"非典"定点医院,并要求在 4 月 30 日建成,5 月 1 日投入使用。因小汤山疗养院内已无空地,所以市政府经研究决定,征用院外北侧的 60 多亩空地用来建设定点医院。

4 月 22 日晚,北京市建委连夜部署,抽调 4000 多人和 500 多台机械设备进场施工。中建一局、北京城建、北京建工、北京住总、城乡集团、市政集团这北京六大建筑集团闻令而动,以惊人的速度集结起精兵强将,火速奔赴昌平小汤山。

4000 多名施工人员昼夜奋战,采用三班倒的方式加速施工,经过连续 7 天的昼夜奋战,4 月 30 日,一所现代化的专门收治"非典"患者的传染病医院终于竣工验收。小汤山医院占地 2.5 万平方米,拥有 22 个病区、508 间病房、1000 张床位。

5 月 1 日,小汤山医院正式启用,当晚便接收了从北京市区七家医院转来的首批 156 名"非典"患者，前期到达的军区医疗队伍对这些患者展开了治疗。5 月 5 日，来自全军 114 家医院的 1200 名医护人员全部赶到小汤山医院报到，并立即投入患者的救治工作中。6 月 20 日，小汤山医院最后一批康复出院者在"走出小汤山，一生都平安"横幅的见证下，重归正常生活。

从 5 月 1 日到 6 月 20 日，小汤山医院共"服役"51 天，接收 13 批共计 680 名"非典"患者，约占全世界"非典"患者的 1/10、全国的 1/7。经过救治，672 名患者康复出院，治愈率 98.8％，全部 1383 名医护人员无一感染，创造了"提高治愈率、降低病死率、确保零感染、医院零投诉"的"小汤山奇迹"。

世界卫生组织视察小汤山医院后称它是世界奇迹。小汤山医院就像一艘"诺亚方舟"，最终为扭转北京"非典"疫情作出巨大贡献。医院投入使用后，极大地缓解了北京市接收"非典"患者的压力，为取得抗击"非典"的阶段性重大胜利作出了重要贡献。

72

越是危险越向前

2003 年 5 月 8 日下午，正在山东省胶南市灵山卫镇防"非典"检疫点执勤的民警刘永和，被一辆货车卷入车底壮烈牺牲。这位年仅39 岁、在危险面前恪尽职守的共产党人，用生命实践了自己的铮铮誓言。

1987 年，刘永和成为一名人民警察，他把自己的满腔热血倾注在公安事业上，默默奉献，被辖区群众赞誉为"人民的忠诚卫士"。2003 年春节后，刘永和又是忙破案，又是忙保卫，一直没有休息过。5 月 1 日，是刘永和休假的第一天。刚刚结束一起案件调查、连续熬了几个通宵的他，还是习惯性地一大早就赶到了大珠山派出所。一进办公室，刘永和就听到了胶南市公安局准备从他们派出所抽调一名干警到灵山卫镇防"非典"检疫点工作的消息。明知道检疫点工作的任务最繁重，岗位最危险，可他还是主动请缨："抗击'非典'事关人民群众的生命安危，是我们人民警察的责任，这次我一定要到第一线去！"刘永和成了这里第一个报名的警察。

自从来到灵山卫镇防"非典"检疫点那天起，刘永和就没有休过一天班，每天早上他总是提前 30 分钟第一个到岗，一直忙到下午，午饭几乎都是拖到下午一两点才能草草吃上几口。灵山卫镇防"非典"

检疫点车流量较大，地处交通要道。刘永和与同事们每天要检查车辆200余辆、乘客2000多人。同事们看到他经常累得腰酸背痛，额头上直冒虚汗，都劝他休息一下，可刘永和却总是笑着说没事。因为长年累月奋战在公安第一线，超负荷的工作使刘永和患上了多种疾病。派出所所长考虑到他的身体状况和检疫点繁忙的工作状态，决定安排另一名比较年轻的干警接替他的工作。可是电话一打过去，刘永和就急了："不行不行，防'非典'检疫可不是一般的工作，得有一定的经验。我现在已经掌握了工作规律与程序，要再换一个人来，还得重新适应，这会给整个检疫点工作的正常运行带来不便，还是由我继续干下去吧。"

5月8日一大早，刘永和像往常一样从十几公里外的住处赶到灵山卫镇，他已在这个检疫点执勤8天。招手停车，迅速检查，就这样刘永和忙碌到16点。到了换班的时间，可他发现接受检疫的车辆和人员太多，为节省群众的时间，防止车辆堵塞，刘永和毅然放弃休息，继续和接班的同志一起奋战在检疫点上。16时10分，正当刘永和站在路边对一箱式货车进行登记检疫时，意想不到的事情发生了：一辆解放牌大货车与一辆轿车突然追尾相撞，将刘永和一下挤到了箱式货车车底。瞬间，鲜血染红了刘永和身下的土地……尽管人们在最短的时间把刘永和送进医院进行抢救，但半个小时后，刘永和同志还是牺牲了。刘永和用生命为党旗增添了光彩，他的精神永远值得我们学习。

73

迅速反应科学施救的"尖刀部队"

2008 年，汶川特大地震一发生，四川公安消防总队成都市支队迅速反应、科学施救，成为重灾区都江堰市第一支成建制到达现场并展开救援的部队，也是救出幸存者最多、救出被埋者最多的"尖刀部队"。千余名官兵昼夜奋战，抢险救援初期的 200 多个小时里营救出被困被埋人员 2700 多人，其中 900 多人生还，成功疏散转移受灾群众 13000 余人。

5 月 12 日，地震发生后，成都消防支队突发事件应急预案就立即启动。2 分钟内，位于重灾区的都江堰市消防中队抢险救援班就开始展开救援。在通信突然中断的情况下，支队长孙国利通过无线电台命令都江堰中队派出足够力量进行全城摸底，为大部队到达施救赢得先机；5 分钟内，抗震救灾总指挥部和现场指挥部成立，支队政委、现场总指挥田国勇立即调出 5 个小组、30 余台车、400 余名消防官兵陆续奔赴灾区。

震后 3 个小时，困在危楼的 2191 名群众和在各类垮塌废墟中被埋在表层的受伤群众被成功营救出；不到 10 个小时的时间，冒着夜间倾盆大雨，救援官兵就从废墟中救出 218 人，其中从新建小学废墟内救出被埋师生 150 余人，生还 35 人；从聚源中学救出被埋师生 170

余人，生还 21 人；从中医院救出被埋者 78 人，生还 9 人。

在此次地震救援中，成都消防官兵不仅展开及时救援，而且智勇双全有效实施科学救援，创造了一个个生命奇迹。在都江堰一个招待所，地震让"丁"字形的建筑发生严重垮塌，10 多名群众被埋废墟之中，救援人员看不清他们被埋的位置，垮塌处摇摇欲坠。5 月 12 日，当成都消防官兵到达现场时，并没有盲目开挖，而是仔细勘察地形，认为从另一幢相对安全的楼破墙才有可能找准位置。当墙被破开时，微弱的声音从废墟中传来，官兵们小心翼翼地把未垮的楼梯用绳子固定后里外接应。经过 10 多个小时的持续作战，4 名被困被埋群众相继被成功营救。

在抗震救灾的前线，成都消防支队全体官兵争分夺秒，从死神手里夺回了 981 条生命。这支队伍同样也是英雄辈出：获得公安部"抢险救援尖兵"、全国二级英模的刘汇海带领三中队官兵 9 天转战 7 个现场，成功营救 43 名被埋者，生还 5 人；作为四川省地震灾害救援队副队长的齐春生，与队友 3 人徒步 50 多公里，翻山越岭进入汶川重灾区，为大部队营救提供了重要的第一手情报；直属队战士肖元浩在都江堰中医院救援中，20 多个小时连续战斗，和队友配合，救出 10 多名被埋者。

成都消防参战官兵 80% 来自四川，其中 60% 以上来自重灾区，更有不少官兵的亲人失踪或被埋，有的家里房屋垮塌，但在灾难面前，没有一名官兵向组织提过任何特殊要求。

74

最后的姿势

2008年5月12日14时28分，四川东汽中学高二（1）班里，谭千秋老师正在给同学们上课。突然，教室一阵剧烈摇晃，课桌椅开始抖动。地震了！他意识到情况不妙，大喊着让同学们往操场上跑。几秒钟后，教学楼开始坍塌，看着身边4个来不及逃离的孩子，谭千秋用双手奋力将他们塞进课桌下，然后，他弓着身子，张开双臂紧紧地趴在课桌上，用血肉之躯铸成了一道钢铁长城。

谭千秋，中共党员，1957年8月出生，湖南省衡阳市祁东县步云桥镇岩前村人。1978年3月，谭千秋以优异的成绩考入湖南大学政治专业学习。毕业后，学校准备让他留校任教。他却主动请缨："我要到祖国最需要的地方去！"一个月后，他如愿以偿地被分配到四川东方汽轮机厂职工大学工作，随后又到东汽中学任教。2000年9月被评为四川省特级教师。

5月13日，当搜救人员从教学楼坍塌的废墟中搬走压在谭千秋身上最后一块水泥板时，当场所有人都禁不住潸然泪下。他跪在地上，伸开双臂，在他身下，蜷伏着4名学生，而他的后脑却被楼板砸得深凹下去。谭千秋折断了他的翅膀，让学生们继续展翅飞翔。他用生命诠释了一名教师的爱与责任。他那张开双臂的身躯成为人们心中一座永不倒塌的丰碑。地震当天，他讲的最后一课是《人生的价值》。危难时刻，他以实际行动给所有人上了最好的一课。

在同事们眼中，谭千秋致力于学校的教学改革和创新，为人谦虚和蔼；在学生眼中，他是一个在校园里看到一块小石头都要捡起来，生怕同学们玩耍时受伤的好老师；在家人眼中，他是"模范丈夫""慈父""孝子"……震后，谭千秋被追授"全国抗震救灾优秀共产党员""抗震救灾英雄"等荣誉称号，2019年被授予新中国"最美奋斗者"。

75

永不消逝的生命连线

2008年5月16日下午，担任中国移动成都通信建设工程局一处抗震抢险工程队队长的刘建秋，在抢修阿坝至汶川通信光缆中临危不惧，不幸被飞石击中，英勇献身。

2008年5月13日上午9时，正在四川阿坝州进行"村通工程"施工的刘建秋接到上级命令，要求他立即带领所率36人的工程队，就地转为抗震抢险突击队。刘建秋二话没说，马上组织全队进入临战状态，安排落实突击抢险的各项准备工作。

5月14日下午6点，阿坝州移动通信抢险指挥部发出指令，要求刘建秋率领抢险突击队迅即抢通马尔康经由理县至汶川的通信光缆，并尽快恢复该路段已中断两天的汶川、理县及107个乡镇的通信。接受任务后，刘建秋率突击队36名队员立即出发奔赴汶川。

至5月15日晨6点，刘建秋和他的队友们冒着不断倾泻的泥石流和余震的危险，连夜抢通了马尔康至理县90余公里的通信光缆线路。

天刚放亮，奋战一夜的抢险队伍历尽艰险终于到达理县。刘建秋拖着疲惫的身躯，刚准备吃饭，便听说凌晨他们抢通的光缆又被余震破坏。考虑到刘建秋所率突击队已经累了一个通宵，指挥部打算另外组织人员进行抢修。刘建秋闻讯后，立即找到抢险现场负责人，主动要求再上一线："情况我熟，让我去！"

就这样，一口饭没顾上吃，一分钟觉没睡，刘建秋率队再次冲上一线。直到第二天凌晨2点半，光缆通信得以恢复，刘建秋才和队友们一同返回理县。

5月16日晨，天刚蒙蒙亮，只休息了一会儿的刘建秋带领着抢险突击队又赶赴一线抗震救灾。13点25分，理县突然发生5.9级强烈的余震，引发山体大面积滑坡，一时间地动山摇。眼见离自己不远处的工友李维祥被飞石砸伤，刘建秋朝正在布放光缆的20余名工友拼命大喊："大家快往安全的地方跑……"话音刚落，一块飞石击中了他，刘建秋一头栽倒在地上。

"刘建秋出事了！"此时，恰巧路过此地的第三军医大学医疗队对刘建秋进行了紧急抢救后，迅即将刘建秋、李维祥送往理县救治。然而，因伤势过重，流血过多，经抢救无效，5月17日晨9时，刘建秋停止了呼吸，年仅36岁。

5月19日18点30分，前方抗震抢险指挥部传来消息：沿着刘建秋用鲜血和生命染红的足迹，在刘建秋牺牲后的第三天，他的战友们终于将光缆铺到理县。至此，马尔康至汶川的光缆再次全线贯通。

76

使命重于生命

载人航天是用生命去探险、用躯体去铺路的神圣事业。从人类探索太空的历史来看，航天员从选择这份使命的那一刻开始，就始终与巨大风险、考验为伴。

2003年2月1日，正值中国航天员大队选拔首飞梯队的关键时刻，美国"哥伦比亚"号航天飞机在重返地面过程中突然解体，7名宇航员全部罹难。当时，大家都为中国航天员的心理承受能力感到担心，但令人意想不到的是，第二天，航天员大队党支部收到了全部参训的14名备选宇航员递交的请战书，他们表达了一个共同心声："再大的风险也动摇不了我们征服太空的决心。"一致要求争当首飞第一人。最后，杨利伟脱颖而出。

征战太空，航天员要承受超重、失重、低压等特殊环境因素的严峻考验，挑战的是生理和心理的承受极限，必须在飞天前跨越一道道高强度训练的难关。让人头晕呕吐的转椅训练，让人极其疲劳的模拟失重水下训练……而挑战超重耐力的离心机训练，则是每一位航天员脑海里最深刻的共同记忆。在高速旋转的离心机中，常人只能承受三至四倍重力加速度，而航天员则要承受八倍，相当于八个自己的重量压在身上，往往面部肌肉变形，呼吸异常困难。

　　然而，具备过硬飞天本领，并不意味着飞天之路就像预想一样顺利。2003年10月15日，这是载入中华民族史册的一天，航天员杨利伟驾乘"神舟五号"飞船，首飞成功。人们通过电视屏幕看到的是杨利伟神情自如的英雄形象，然而这背后是杨利伟刚刚经历了一场谁也没有预料到的生死考验。在飞船发射的上升阶段，当杨利伟正承受数倍于自己身体重量的巨大过载压力的时候，火箭与飞船产生了低频共振，二者叠加在了一起。杨利伟说："就像在我周围放的都是敲锣打鼓的声音，振动得受不了，有一种像濒临死亡的这种感觉。一是你觉得你用不上力量，第二个就是你有点儿要过去的那个意思。"杨利伟用常人难以企及的意志力挺过了26秒低频共振考验。凯旋后，他把这个意外情况及时反馈给了航天科技人员。经过技术攻关，从"神舟六号"飞船开始，低频共振问题就彻底解决了。

　　2008年9月，景海鹏与战友在太空执行"神舟七号"飞行任务时，曾经连续出现过两个意外情况。2016年11月11日凌晨0时10分，景海鹏在执行"天宫二号"与"神舟十一号"任务时，险情再次发生。但每一次，他们都能坦然面对、沉着处置。在"感动中国"颁奖晚会上，主持人问景海鹏："你们在执行载人航天飞行任务时，有没有想过有可能回不来？"景海鹏回答："对于我们航天员来说，使命重于生命。即使我们回不来，也要让五星红旗在太空高高飘扬！"

77

舒适便利的"太空之家"

空间站是一种在近地轨道长时间运行、可满足航天员长期在轨生活、工作以及地面航天员寻访的载人航天器，代表了当今航天领域最全面、最复杂、最先进和最综合的科学技术成果。

2021 年 4 月 29 日 11 时 23 分，是我国航天史上值得书写的又一重要时刻。从中国文昌航天发射场出发，长征五号 B 大推力运载火箭将我国空间站天和核心舱成功送入太空。天和核心舱是我国迄今为止最大的航天器，好比空间站建造的第一块也是最重要的一块"积木"。它进驻太空标志着中国空间站在轨组装建造全面展开。

"麻雀虽小，五脏俱全"，核心舱除含有全套生命维持装置外，还负担了航天员初期驻留以及科研所需的全部物质条件——从居住区到科研区一应俱全。核心舱在设计上较过去有了很大突破，供航天员工作生活的空间约 50 立方米，加上两个实验舱后整体达到 110 立方米。核心舱长度超过五层楼房，直径比火车和地铁的车厢还要宽不少，不仅活动空间大，航天员在空间站的补给也得到更好保障。

为了让航天员实现更长时间的在轨停留，空间站设计了完整的可再生生命保障系统。航天员呼出的水蒸气会通过冷凝水方式回收，排泄的尿液也会回收净化，重新作为饮用水和生活用水使用。电解制氧时产生的氢气与航天员呼出的二氧化碳，将通过化学反应生成氧气，这也能够降低氧气的补给需求。

在天和核心舱的密封舱内，就餐区配置了微波炉、冰箱、饮水机、折叠桌等家居，还配置了太空跑台、太空自行车、抗阻拉力器等健身器材。

此外，舱内情景照明可由手机 APP 控制。说到手机，核心舱不仅可以实现在轨航天员之间的通话，还配了天地视频通话设备，可以实现与地面的双向视频通话。另外，还有可以支持航天员收发电子邮件的测控通信网和相关设备。

空间站是航天员舒适便利的"太空之家"。如果神舟飞船是一辆轿车，"天宫一号"和"天宫二号"就相当于一室一厅的房子，而空间站就是三室两厅还带储藏间的"豪宅"。

78

百尺高空"穿针引线"

竺士杰是宁波舟山港北仑第三集装箱码头有限公司桥吊班大班长。工作 20 余年来，他从一名技校生成长为全国劳动模范，独创高效率桥吊操作法，带动团队一同创新，用持之以恒的坚守和精益求精的追求，诠释了平凡岗位上的劳动精神。

1998 年，从技校毕业的竺士杰进入港口工作。经过一年多的努力，他就成为龙门吊司机中的佼佼者。当得知公司选拔年轻桥吊司机的消息后，他不顾从零开始、收入减少等困难挑战，第一时间报了名。

桥吊作业好比是高空"穿针引线"：在 49 米的高空弯腰低头来控制吊具准头，吊具上有四个锥形的锁头瞄准集装箱的锁孔，集装箱的锁孔四个角上分别有 6 厘米乘 12 厘米大的锁孔，要一次把它准确地对进去，控制住吊具的晃动以及海风、海浪的影响。

第一次上桥吊，竺士杰努力 10 多分钟仍然没有吊起一个箱子。自那以后，竺士杰给自己立下目标："老师傅操作这么流畅，自己没有理由学不会！"在向前辈学习的过程中，他不仅记下好的操作要诀，还总结不同操作方法的缺点。竺士杰自己也记不清做了多少次试验，一直在寻找解决行走不同距离、起吊不同重量、不同种类的箱型，不同船型结构、不同设备性能及大风等特殊天气下的作业办法。他在每个环节掐秒表，将操作细化到每个微小动作。为了练习精准推挡，卡在手柄上的虎口都磨出了血泡。

2006 年 12 月，竺士杰将自己摸索的心得总结归纳为一份 8000 字左右的手稿，以他名字命名的"竺士杰桥吊操作法"应运而生。操作法在被推广的同时，公司作业量也快速增长。每当有了新船型、新设备，或在日常工作中有了新感悟、新体会，竺士杰都及时记录，操作法也不断得以完善。2013 年，"竺士杰桥吊操作法 2.0 版"出版，原版 8000 余字的操作法增加到 2 万余字；为了进行更生动直观的展示，2014 年，"竺士杰桥吊操作法"动画版推出；2019 年，他继续对操作法中提高标准化培训能力、安全作业、操作技能等方面的内容进行修改完善，形成了"竺士杰桥吊操作法 3.0 版"，在超大型船舶作业、困难船舶作业等方面有了更精进的研究和更显著的成效。

因为业务精湛、工作出色，2015 年 4 月，竺士杰获"全国劳动模范"荣誉称号。

79

把小事做圆满做极致

"干一行爱一行，钻一行精一行。"国网安徽省电力有限公司宿州供电公司输电运检室带电作业班副班长许启金，在长期的带电检修作业实践中大胆创新，取得 59 项研发成果、43 项专利。他研制的"软梯作业防高坠自锁器"，填补了国内软梯作业人身高空保护的技术空白。

1982 年，19 岁的许启金以近乎满分的成绩考入国网宿州供电局，成为线路工区带电作业班的一名普通员工。此后，他始终坚守一线，路再远、再难走，都要巡视到位，"不留死角"。由他组织完成的带电作业任务，没有发生一起安全事故。他高质量完成 1000 多项高压带电作业，实现了"零差错"。

2018 年 8 月中旬，台风"温比亚"肆虐江淮大地，宿州地区遭遇百年不遇特大暴雨袭击，输电线路不同程度受灾。面对灾情，许启金带领工友连夜出巡，蹚过齐腰深的积水钻进果园施工。经过一个紧张忙碌的不眠之夜，故障线路终于抢修完毕、恢复送电。

随着电力系统不断升级、新式杆塔越建越高，如何在保障安全的同时更加便捷地做好线路维护工作成为摆在许启金面前的攻关课题。为了弥补专业知识的不足，只有高中学历的他参加工作伊始就把书本上的线路知识一点点抄写在小纸条上，外出巡线时随身携带，一有空就拿出来看看、背背。许启金这样坚持了近 20 年，记忆了上万张小纸条。正是这上万张小纸条，垒起了许启金电力专业知识的高度，夯实了他搞创新的基础。

"一个人的力量再大也是小的，就想着能把自己的经验传给徒弟。"许启金毫无保留地把自己的经验和技能传授给徒弟们，他领衔的"启金工作室"集创新工坊、成果展示、职工书吧、班组讲堂、文化长廊等多个功能区为一体，添置了钻铣床、数控车床等加工设备和3D 打印机、投影仪等设备，是培养技能人才的创新环境和交流平台。现在，工作室已经形成了"60 后、70 后、80 后、90 后"梯队状的人才队伍结构，有 7 人获得了省部级及以上荣誉。

在许启金的单位，还有一支以他名字命名的共产党员服务队，下设 13 支分队、共 410 余名队员。许启金和伙伴们积极开展"党员进社区""党员带头志愿先锋"等主题活动，用点滴奉献践行"人民电业为人民"的服务宗旨。

许启金说："如果我没有能力做大事，那么就怀着大爱做小事，扎根在一线，苦练技术技能，像钉钉子一样把小事做圆满做极致，让乡亲们都用上可靠的光明电，这也是一种成功。"许启金先后获得"全国劳动模范""全国道德模范""中国好人""全国技术能手"等光荣称号。

80

中国女排五连冠

1976 年，37 岁的袁伟民出任中国女排主教练。当时，中国女排在世界上默默无闻。袁伟民上任后想邀请日本队来访。日本排协说，那就派二队去吧，二队的水平就够了。故此，袁伟民担任主教练后提出的第一个奋斗目标并不是夺取世界冠军、亚洲冠军，而是"赶超日本"。

1976 年 6 月 12 日，袁伟民上任后的第 12 天，秘鲁国家队来访，袁伟民在场边用手比画着指挥。队员们在赛后讽刺他说，干脆你自己上来打吧。熟悉了袁伟民足智多谋、气定神闲指挥风格的球迷们，可能永远也想不到当年他刚出道的时候也曾有过那样的一段……

1981 年，袁伟民所带领的中国女排参加在日本举行的世界杯赛，一举登上了世界冠军的领奖台。在对苏联队的比赛中，中国女排第三局竟然打了这个老牌霸主一个 15∶0。这是苏联女排第一次输给中国女排，这样大的比分差距足以载入体育发展史册。

1982 年，女排世界锦标赛在秘鲁举行。中国女排在小组预赛中以 0∶3 输给了美国队。当时的规则与现在的有所不同，预赛的成绩将被带入后面的赛事。中国女排当时唯一能做的事情，就是在后面的 6 场比赛中全部都以 3∶0 获胜，寄希望于最终能以小分的优势重新获得争夺冠军的资格。奇迹还就真的发生了，中国女排在后面的 6 场比赛中，场场均以 3∶0 获胜。算局分的话，竟然是 18∶0。中国女排不仅首次获得世界锦标赛的冠军，而且以 6 个 3∶0 的强势姿态展示了自己超一流的实力。

"三连冠"的呼声四起。已有两冠在手的中国女排，现在只差"奥运会冠军"这一世界上含金量最高的头衔了。

1984 年，洛杉矶奥运会上，中国女排虽然在预赛中输给了美国队，但闯入决赛后以 3∶0 战胜美国队，首夺奥运金牌。1985 年，中国女排又夺得世界杯冠军。1986 年，在捷克斯洛伐克举行的女排世锦赛上，中国女排 8 战 8 胜，成为世界排球史上第一支获得"五连冠"的队伍。

1986 年 9 月 14 日，《人民日报》头版报道中国女排连续第五次夺冠。3 年中，《人民日报》刊登的有关女排事迹和学习女排精神的报道超过 500 篇，在中华大地掀起了学习女排精神的热潮。各行各业的人们在女排精神的激励下，为中华民族的腾飞顽强拼搏。

81

"竹棚馆" 走出世界冠军

1981 年 11 月 16 日，在日本举行的第三届女排世界杯上，中国女排以七战全胜战绩首获世界冠军，率先实现我国大球项目历史性突破，这也是中国在大球项目上的第一个世界冠军。有外媒曾报道，中国女排迅速崛起于世，是由于她们近年来经常在一个"秘密核基地"集训备战。其实，哪有什么"秘密核基地"？中国女排的训练场地只不过是一个由楠竹搭建的简易竹棚。

20 世纪 70 年代，为发展排球事业，国家体委相继在福建漳州、湖南郴州建立训练基地。郴州体育训练基地于 1978 年开始建设，当初选择郴州的一个重要原因是，郴州无大冰雪和台风。但是当时郴州没有大型体育场馆，女排又急着用，建设也来不及，怎么办？郴州体委利用当地盛产楠竹的先天条件，在湖南省委的支持下，花费 43 天用楠竹搭建了一大一小两个训练馆。同时，还建起了宿舍、餐厅等生活设施。1979 年 10 月，袁伟民带领郎平等女排队员首次来到郴州，在竹棚馆开始"魔鬼式"封闭训练。

当年郴州基地的"竹棚馆"，条件非常艰苦，冬天四处漏风，场内木地板是铁路上的废弃枕木改建而成，女排队员们在训练中被地板刮伤、擦伤是经常的事。当时没有专业护具，为减轻队员受伤概率，工作人员从当地找来裁缝，定做了布马甲套在队员身上，情况才有好转。

在那段艰苦的日子里，女排姑娘们在简陋的竹棚里摸爬滚打、苦练球技，同时也磨炼出自强不息、敢于拼搏的顽强精神。中国女排队员身上经常摔得青一块紫一块。郎平的手掌心扎进过小木刺，张蓉芳的大腿被粗油漆粒子划出过血痕，陈招娣的球衣被勾出线丝……有一次，郎平把球救起来了，手上的皮也卷起来一块，她把皮扯掉，接着又来。张蓉芳的膝盖半月板当场裂开，可治好了还是一样摔滚。

就是在这样的"竹棚馆"里，女排队员们刻苦训练。此后的几年里，中国女排在世锦赛、奥运会赛场连战连捷，创造了世界大赛"五连冠"的奇迹。女排姑娘们的拼搏劲头，极大激发起中国人的自豪、自尊和自信！

随着中国排球运动的发展，女排的训练场地也在不断升级。1991年，一场大雪摧毁了郴州"竹棚馆"。在翻建新馆的同时，大家专门制作了一个"竹棚馆"模型，并将它视作女排精神的代表。

四、中国特色社会主义新时代的精神故事

党的十八大以来，中国特色社会主义进入新时代，我们党团结带领全国各族人民砥砺奋进、勇毅前行，实现了第一个百年奋斗目标，明确实现第二个百年奋斗目标的战略安排，党和国家事业取得历史性成就、发生历史性变革，为实现中华民族伟大复兴提供了更为完善的制度保证、更为坚实的物质基础、更为主动的精神力量。

在迎来中国共产党成立 100 周年的重要时刻，我国脱贫攻坚战取得了全面胜利，完成了消除绝对贫困的艰巨任务，创造了又一个彪炳史册的人间奇迹！ 2021 年 2 月 25 日，习近平总书记在全国脱贫攻坚总结表彰大会上的讲话中指出，脱贫攻坚伟大斗争，锻造形成了"上下同心、尽锐出战、精准务实、开拓创新、攻坚克难、不负人民"的脱贫攻坚精神。脱贫攻坚精神，是中国共产党性质宗旨、中国人民意志品质、中华民族精神的生动写照，是爱国主义、集体主义、社会主义思想的集中体现，是中国精神、中国价值、中国力量的充分彰显，赓续传承了伟大民族精神和时代精神。《"悬崖村"变身旅游村》《太行山上的"新愚公"》《捐资助学的老革命》等故事反映了脱贫攻坚精神。

劳动精神是以爱国主义为核心的民族精神和以改革创新为核心的时代精神的生动体现，基本内涵是崇尚劳动、热爱劳动、辛勤劳动、诚实劳动。《刻苦攻关的"老牛"》《"快递小哥"本领强》是劳动精神的体现。

匠心聚，百业兴。秉持工匠精神，人人创新创优，撸起袖子加油干、驰而不息向前进，就一定能把强国建设、民族复兴宏伟蓝图一步步变为现实。工匠精神的内涵是执着专注、精益求精、一丝不苟、追求卓越。《匠心独运的"技能专家"》体现了工匠精神。

新冠疫情是百年来全球发生的最严重的传染病大流行，是新中国成立以来我国遭遇的传播速度最快、感染范围最广、防控难度最大的重大突发公共卫生事件。面对来势汹汹的严峻疫情，以习近平同志为核心的党中央团结带领全党全军全国各族人民，坚持人民至上、生命至上，以坚定果敢的勇气和坚忍不拔的决心，迅速打响疫情防控的人民战争、总体战、阻击战，夺取全国抗疫斗争重大战略成果，创造了人类同疾病斗争史上的奇迹。2020年9月8日，习近平总书记在全国抗击新冠肺炎疫情表彰大会上对伟大抗疫精神作出深刻阐释，明确指出："在这场同严重疫情的殊死较量中，中国人民和中华民族以敢于斗争、敢于胜利的大无畏气概，铸就了生命至上、举国同心、舍生忘死、尊重科学、命运与共的伟大抗疫精神。"① 感天动地、气壮山河的伟大抗疫精神，在中国共产党人和中华民族精神谱系中写下了浓墨重彩的一笔，成为新时代新征程上熠熠生辉的不朽精神丰碑。《惊心动魄的"风暴之眼"》《最美的逆行》《快递小哥感动中国》等故事反映了伟大抗疫精神。

揽月而归，踏梦而行。作为我国复杂度最高、技术跨度最大的

---

① 习近平：《在全国抗击新冠肺炎疫情表彰大会上的讲话》，人民出版社2020年版，第12页。

航天系统工程，嫦娥五号任务实现了我国首次月面采样与封装、月面起飞、月球轨道交会对接、携带样品再入返回等多项重大突破，其成功实施标志着我国探月工程"绕、落、回"三步走规划如期完成。2020年12月17日，中共中央总书记、国家主席、中央军委主席习近平代表党中央、国务院和中央军委向探月工程任务指挥部和参加嫦娥五号任务的全体同志致贺电，并提出殷切希望，希望全体同志大力弘扬追逐梦想、勇于探索、协同攻坚、合作共赢的探月精神，一步一个脚印开启星际探测新征程，为建设航天强国、实现中华民族伟大复兴再立新功，为人类和平利用太空、推动构建人类命运共同体作出更大的开拓性贡献！《38万公里之外的亲密"牵手"》《共同托举"嫦娥"飞天》《和平合作利用太空》从几个侧面反映了探月精神。

北斗闪耀，泽沐八方。2020年7月31日，北斗三号全球卫星导航系统建成暨开通仪式在北京举行。习近平总书记出席仪式，宣布北斗三号全球卫星导航系统正式开通并参观北斗系统建设发展成果展览展示，代表党中央向参与系统研制建设的全体人员表示衷心的感谢、致以诚挚的问候。中共中央、国务院、中央军委在对北斗三号全球卫星导航系统建成开通的贺电中提出了"自主创新、开放融合、万众一心、追求卓越"的新时代北斗精神。《"惊险"的攻关》《打造北斗"朋友圈"》反映了这一精神。

2014年6月5日，习近平主席在中阿合作论坛第六届部长级会议开幕式上的讲话中指出，千百年来，丝绸之路承载的和平合作、开放包容、互学互鉴、互利共赢精神薪火相传。坚持以和平合作、开放包容、互学互鉴、互利共赢为核心的丝路精神，对于推动"一带一路"建设行稳致远，将"一带一路"建成和平之路、繁荣之路、开放之路、绿色之路、创新之路、文明之路，迈向更加美好的明天，具有极其重要的意义。《"我在蒙古国建大桥"》《"鲁班工坊"智行世界》《一个港口的"重生"》从几个侧面体现了丝路精神。

82

"悬崖村"变身旅游村

2016 年,一篇以《悬崖上的村庄》为题的报道,让四川省凉山彝族自治州昭觉县支尔莫乡的阿土列尔村进入了公众视野。这个村庄坐落于海拔 1400 多米以上的悬崖上,与地面垂直距离高达 800 米。更让人难以置信的是,村子与外界相连的"路"竟然是 17 条藤梯。全村无论男女老幼,想要进出村子,都必须通过攀爬藤梯来实现。"藤条路"让村民出行极不方便,并且还很危险,在这条路上摔死摔伤的人就有不少。

交通不便几乎必然地导致了贫困的发生。村里的牲畜无法赶到外面去售卖,所以村民们的生活都是自给自足的,与外界的物质交换也仅限于少量的花椒等容易背负的农产品。而且由于交通的不便利,阿土列尔村的男青年很难娶到外面的老婆,女青年也很难嫁到外面去。

改变从 2016 年开始了。当年 7 月,凉山州、昭觉县两级政府筹措了 100 万元资金,决定把"悬崖村"年久危险的藤梯,改造成更加坚固和安全的钢梯。因为地势太过险峻,根本没有施工队愿意接这个工程,干部们决定发动村民自建,村里的每一家都积极响应。当地州、县两级财政出资,村民出工出劳,用了 200 多天的时间,硬是将

120 多吨、6000 多根钢管一根根背上悬崖，搭建起了 2556 级牢固的天梯。

藤梯变成了钢梯，很快，村里又通上了自来水，有了稳定的电，手机也有了信号，还通了宽带。基础设施完善了，眼界也随之打开了。以前地势是"悬崖村"的短板，但这里险峻雄奇的高山、原生态的彝族村落却是独特的旅游资源。为了打造出"悬崖村"自己的旅游特色来，村民们又开始了新的学习。当地政府和旅游公司组织村里的年轻人走出去，到大理等一些旅游业相对成熟的地方实地考察类似地区的旅游怎么做。学习回来，一些村民做起了导游，很快就有村民开起了小卖部和民俗接待点。旅游业慢慢起了步，出行短板的钢梯迅速成了旅游的"网红"打卡地。旅游产业加强了阿土列尔村与外界的联系，进一步改变了村民落后的观念，增强了他们致富的动力和信心。

按照做旅游的经验，当地政府先后组织村民出去学技术，因地制宜发展起脐橙、青花椒、油橄榄等产业。阿土列尔村以旅游业为主，养殖业为支撑，现在还发展了直播带货。"悬崖村"在当地干部和村民的共同努力下，状况不断改善。2020 年 5 月 10 日至 14 日，"悬崖村"当时的 84 户贫困户全部从山上的土坯房搬进了县城的楼房。

83

太行山上的"新愚公"

　　曾经有一位教授，35 年如一日行走太行，用科技力量打开百姓脱贫致富之门；埋头耕耘、无私奉献，直至生命最后一息。他以山一样的坚韧，咬定青山不放松，一心只为富百姓，被乡亲们誉为太行山上的"新愚公"。他就是河北农业大学教授、全国优秀共产党员、"人民楷模"国家荣誉称号获得者李保国。

　　1958 年，李保国出生于河北武邑县的一个农村家庭。1981 年，作为恢复高考后的第一届大学生，李保国大学毕业后留校任教。上班仅十几天，他便和另外两名教授一起扎进太行山，搞起了山区开发研究。这一干，就是几十年。

　　位于河北省邢台市临城县的李家韩岗，曾是一片荒山野岭。1999年，村民高胜福为了响应县里"四荒"治理开发的热潮，与人合伙承包了这里的 3500 亩荒山。准备大干一场的高胜福却发了愁，李家韩岗又名狐子沟，一无土二无水，别说种树，种草都难。走投无路的高胜福几经联系，找到了当时正在太行山开荒的李保国。不久，李保国搬进了狐子沟，与村民们一道打响了开荒战。经过深入采样、组织专家实测土壤截面，李保国提出了"挖沟修库"的新办法，并决定在这里种植最省水、易管理的核桃。李保国带领村民们挖好了种植沟，又在山沟取土修建了可容纳 20 万立方米水的人工水库,并用挖出的砂石修建了 4 个拦水大坝,用以截留雨水,为核桃树的生长提供保障。在李保国的指导之下,这里实现了 1 年栽树、2 年结果、5 年丰产,盛果期的核桃亩产达到了 230 公斤以上,每亩效益超过 8000 元。如今,昔日的荒岭成了"绿岭","绿岭"牌薄皮核桃远近闻名。

为了获取绿化荒山的第一手数据材料,李保国详细记录了每一道沟谷的坡度、土质特征和植被情况。他走村串户,上山爬坡,跑遍了邢台市每个山区县,乡亲们都亲切地叫他"李老师"。内丘县侯家庄乡岗底村党总支书记说:"李老师不仅是'科技财神',村里的老老少少都把他当亲人。"村支书笑称李保国为"杠头班长",因为他那股子"犟劲儿"。李保国则说,干事创业没有劲头能成?要转变农民群众的观念,没有"杠头"劲,农业技术就很难传授和生根。"在创业初期,李保国自己垫上几万元的科研经费,在村里成功推行苹果套袋技术,还手把手教会我们使用。"说起李保国几十年来对乡亲们的情意,村支书眼眶湿润了。

30 多年间,李保国先后完成山区开发研究成果 28 项,技术累计应用面积 1826 万亩,让 140 万亩荒山披绿,带动山区农民增收 58.5 亿元。他淡泊名利,既不拿农民给的报酬,也不要企业的股份,终其一生保持了共产党人清正廉洁、无私奉献的高尚品质。2016 年 4 月 10 日,李保国因心脏病突发,抢救无效,永远离开了家人、学生和太行山里的乡亲们。

84

捐资助学的老革命

2021 年 2 月 25 日，全国脱贫攻坚总结表彰大会上，一位身材瘦弱、白发苍苍的 98 岁高龄老人坐着轮椅上台领奖。习近平总书记俯下身，郑重地为她佩戴全国脱贫攻坚楷模奖章，并同她亲切交谈。老人激动地要从轮椅上起身，习近平总书记微笑着轻抚老人肩头，示意她安心坐好，并将鲜红的荣誉证书送到老人手中。这温暖的一幕引发了全场热烈的掌声，感动了无数国人。这位老人就是中国社会科学院原外事局研究员夏森。

夏森生于 1923 年 9 月，14 岁投身革命，1938 年奔赴延安，同年 4 月加入中国共产党。解放战争时期，她在东北解放区从事革命工作，为新中国的诞生作出了贡献。新中国成立后，主要从事文化教育工作。离休后，夏森投身脱贫攻坚光荣事业。2006 年，83 岁的夏森专程到陕西省丹凤县实地考察，亲眼看到了龙驹寨镇西街小学艰苦的教学环境：教室低矮、昏暗，桌椅残缺不全，贫困家庭孩子辍学情况突出。她当即拿出 2 万元，为西街小学购买了桌椅、字典等学习用具，两年后又为该校捐资 2 万元，奖励优秀少先队员和"三好学生"各 165 名。

为了帮助更多的贫困学生，2013 年下半年，夏森拿出她和丈夫汝信同志的多年积蓄，捐献 100 万元设立了"夏森助学金"，随后不断追加，用于资助贫困家庭大学生上学。她特别强调："资助的学生不光要看他考入的是几类、几本大学，还要重点看他的思想道德表现。资助的学生必须热爱祖国！"从 2015 年起，夏森每年从"夏森助学金"中支出 11.8 万元，资助 20 名当年录取的家庭贫困学生上大学，直至这些受助学生大学毕业。2016 年 9 月，夏森又拿出 6.4 万元，资助 32 名环卫工人家庭中的贫困大学生上学，同年还拿出 6.3 万元为上犹县社溪中学安装、配置了教学广播设备。2017 年，在助学金之外，夏森又捐出了 2 万元，资助丹凤县和上犹县的 4 名贫困大学生上学。

在长期捐资助学的同时，夏森还多次响应党组织号召，通过交纳特殊党费等形式奉献爱心。2008 年，汶川特大地震发生后，她从自己的积蓄中拿出 2 万元捐助灾区；2020 年，又捐款 10 万元支持新冠疫情防控工作。她说："人离休了，但共产党员的初心使命不能休。"

多年来，夏森过着简朴的生活，累计捐出自己省吃俭用积攒下来的 202.3 万元，用于资助陕西省丹凤县、江西省上犹县家庭困难的学生上学、改善欠发达地区学校教学条件。她设立的"夏森助学金"已资助 182 名家庭困难的大学生圆了"大学梦"。

85

刻苦攻关的“老牛”

2002 年，从江苏信息职业技术学院中专毕业后，陈亮进入无锡微研股份有限公司成了一名铣工。为了往更高技能方向发展，陈亮忙里偷闲，下狠心买了一台 9000 多元的电脑，自学起了软件编程等工业自动化知识。

2007 年，公司数控加工中心由于缺人手，陈亮被调到数控铣加工组进行试用。当时，公司正在加工电视机的高精度定位销，精度允许范围为 2 微米，但数控加工中心的老员工只能把精度做到 3—4 微米，而陈亮用刀具和砂轮进行组合加工，把原来的精度从 3—4 微米提高到 1—2 微米。

这件事让陈亮变得自信起来。爱动脑筋的他也更加努力地去学习新知识来充实自己。无锡微研股份有限公司是一家精密模具研发企业，一般模具零件加工都以单件为主，因此对数控精加工操作人员的技术要求极高。就是在这样的工作环境里，陈亮和自己的团队攻克了一个又一个难关。2018 年，由他带头攻关的汽车零部件加工凸型模具，已经开始出口德国，每月可为企业带来数十万元的销售收入。

陈亮经常到车间里与自己的学徒进行交流。虽然徒弟跟他学习了四五年，已经能够独立完成数控机床的加工任务，但每当有精度要求的模具零件来加工，身为师傅的他都会主动上前与徒弟交流，提醒徒弟注意产品加工中的注意事项。

无锡微研股份有限公司的领导是这么评价陈亮的："我们好多工艺革新、工艺改善的事情都由他来承担攻关任务。他工作认真刻苦，所以很多同事都亲切地叫他'老牛'。"

由于在工业精密模具技术研发领域表现突出，陈亮先后获得了"江苏省企业首席技师""江苏省有突出贡献中青年专家""江苏省技能大师"等诸多荣誉。

86

"快递小哥"本领强

2011年，从石家庄邮电职业技术学院毕业后，康智来到北京，成为中国邮政北京市海淀区分公司清华营业部的揽投员，10多年来累计投送邮件28万多件。

一线的揽投工作虽然忙碌辛苦，但却磨炼心性，使人学会忍耐与坚持。康智坚持每天比别人晚睡半小时、早起半小时，"做得越多，就越熟练越顺手，没有积极主动性，工作肯定做不好"。2015年，由于业务能力出众，康智被选中投递北京市第一份高考录取通知书，一夜之间成为"快递明星"，更让他找到了这份工作的意义。"不管快递的是什么，对客户来说都是极其重要的。""我们在服务大众，服务着庞大的电商经济，支撑着社会的发展。虽然不起眼，但很重要。"

每天发车前，康智都会规划当天的派送路线、装车顺序，"生鲜食品要优先配送，还要根据单量确定先送小区还是先送大厦"。在康智看来，每个快递员都是"时间管理大师"，一个环节做不好就会影响投递的效率和客户的体验。"双十一"期间，他每天投递邮件300多件，行驶里程三四十公里，"如果对自己的路线没有好的规划，投递效率会大打折扣"。

疫情期间，邮件量远超"双十一"，人均投递量超过700件。为保障邮件快进快出，康智尝试创新方法，他利用班前和空余时间对邮件进行编号，提高分拣效率，保证投递员归班，新进口邮件前期处理工作已完成。营业部最少时只有 13 个人，康智提前做好沟通和后勤保障工作，让投递员无后顾之忧提前返岗。

康智的党龄已有 10 余年，他曾对记者说，入党宣誓时，每句誓词都直击内心，当时就有了为党的事业奋斗终身的信念。在邮政系统有许多新时代的优秀代表，比如其美多吉、尼玛拉木。康智说："我也会向他们学习，把初心融入要投送的每一个邮件当中。"2021 年央视春晚的舞台上，康智的身影出现在小品《阳台》和歌曲《明天会更好》中，展现了快递员的风采。

匠心独运的"技能专家"

薛莹是中航西安飞机工业集团股份有限公司国际航空部件厂"薛莹班"的一名生产一线技能工人。她从 1992 年开始参与到国际航空制造合作项目垂直尾翼的装配生产，为了让自己经手安装到飞机上的每一颗铆钉都是质量最坚硬、外观最漂亮的，她和同事们一直致力于改进操作方法和工艺流程，把小改小革和技术创新融入需要解决的问题中。

"波音 737 垂尾前缘装配质量攻关"被列为总厂重点项目。薛莹经过 3 个多月对工具进行改进，对工件采取保护措施，进行无数次试验，最终达到了要求，使产品质量与进度有了保证，同时生产效率提高了 25%。

薛莹始终自觉发挥模范作用，组织技能大师成立了技能大师创新工作站，积极开展技术攻关和技能传承活动，解决现场瓶颈问题，培育"工匠大师"。

2016 年，陕西国防工会"军工劳模服务团"成立，薛莹成为服务团团长。她积极推动多个单位劳模创新工作的互动交流，促成了多个疑难问题的解决，实现航天航空技术相融合，同时积极引领省部级以上劳模、大国工匠，跨越企业、行业、地区进行交流服务，最大化地发挥劳模作用。

2019年，薛莹牵头成立"737垂尾后部肋组件装配效率提升"攻关团队，带领团队成员对产品装配流程进行价值流分析，识别瓶颈工序，运用精益思想进行根本原因分析及改进措施制定，确定出将6个目前采用手动铆接金属后部肋（单机400多个铆钉，需要两个人配合完成）利用富裕加工能力的204压铆机压铆完成，自行设计并制作铆接托架及配套的运输车，方案实施后可使单机6个肋的铆接时间由目前的2人配合3—4个小时，提升至1人1小时完成，在提升产品铆接质量的同时节省人工成本。

薛莹荣获"全国劳动模范""全国三八红旗手标兵""全国道德模范"等荣誉，是党的十八大、十九大、二十大代表。

88

惊心动魄的"风暴之眼"

新冠疫情突发，湖北省武汉市成为风暴中心。在最初的一个月里，武汉市金银潭医院因为收治新冠肺炎病人最早、最多、最重，成为"风暴之眼"。

2019年12月29日下午，金银潭医院ICU主任吴文娟与业务副院长黄朝林一起将湖北省中西医结合医院的6个病人带回金银潭医院，分类收治在南七楼ICU。医院当天晚上举行了全院专家的会诊，明确肺炎病因不明，有聚集性特征，可能还有传染性。金银潭医院院长张定宇在专家们出病房不久就作出决定：开辟新的病区，专门收治这类病人。南四楼是第一个被腾退的病区。在几个小时内，这里成为收治新冠患者的隔离病房。两天时间，南四楼收满了病人。南三楼也成为收治新冠病人的病区。2020年1月20日早晨8时，北五楼病区开始收治新冠病人，很快就收满了31个病人。至此，有600张病床的金银潭医院全部21个病区收治的全是新冠病人。

随着病人增多，人手不足成了金银潭医院最大的问题。2020年1月24日晚上，上海医疗队138人报到，1月25日凌晨4时解放军医疗队150人报到。上海医疗队成建制接管了北楼的两个病区，解放军医疗队接管了综合楼的两个病区。原来的金银潭医院病区的医务人员被抽出来补充到其他科室。火神山医院收治病人后，解放军医疗队转战火神山医院，他们在金银潭医院的病区由福建医疗队接管。在金银潭医院奋战三周后，全国各地的医疗队陆续赶来支援，人手不足的问题得到有效缓解。

新冠的剧烈传染性，决定了所有病人都不能陪护。他们的医疗和生活照顾全部得由医务人员来完成。金银潭医院的白衣天使们全力以赴、舍生忘死挽救生命，表现出了崇高的职业素养。2020 年，梁顺刚满 21 岁，是金银潭医院南七楼 ICU 科室中年龄最小的护士，也是整个金银潭医院最小的。两年前刚参加工作的时候，梁顺每次来到医院进门前都会深呼吸一下，然后憋着气一直跑到工作间。而在抗击新冠最危险的工作环境中，梁顺像一名久经沙场的老兵，面对气管切开的患者，他第一时间冲上前。

2020 年 2 月 19 日，金银潭医院出院 64 人，入院 58 人，实现了出院进院平衡。2 月 20 日，出的多了，进的少了，不再是一床难求。4 月 24 日，武汉市金银潭医院新冠患者清零，"风暴之眼"回归风平浪静。

89

最美的逆行

2020 年 1 月 25 日，浙江省嘉兴市第二医院护理部副主任蔡哲清随浙江省首批援汉医疗队出发，在武汉市第四医院连续战"疫"57 天。

"作为一名 ICU 专科护士，在需要我的时候，我就要上。"穿着防护服"逆行"到战"疫"最前线，蔡哲清在武汉成为协助医生从"死神"手里抢人的战士；一口气运送 40 公斤氧气瓶、一个人帮助患者过床的"女汉子"；鼓励年轻患者重新振作的"知心姐姐"；悉心照料老年患者的"好女儿"。蔡哲清护理的病人中有一位 91 岁的老人，操着一口让人听不懂的方言。因为语言不通，老人一直无法安心养病，常常急得哇哇大喊。蔡哲清就耐心地揣摩着老人的意思照顾她。给她喂饭时，见她的牙齿几乎都掉光了，便往饭里加些开水，把饭泡软，把菜夹成小粒喂她。给老人喝热豆浆时，用针筒 5 毫升、5 毫升地喂给她喝。逐渐建立起信任感后，老人开始配合治疗。

2020 年 2 月，天津百余名医务工作者前往湖北恩施土家族苗族自治州，开启了一场跨越 1500 公里的驰援。天津市对口支援恩施州疾控工作队队长张宏和他的队员一起，为恩施州群众和医务人员筑起了坚不可摧的生命防线。诊治、流调、消杀、检测、宣讲……张宏和队员们深入恩施州所属 6 县 2 市开展工作。山路崎岖，天气湿冷，白天下乡，晚上整理资料、研判疫情，一天只睡 4 个小时。这位 56 岁的队长、工作队里最年长的队员凭着每天 5 公里越野跑锻炼出的体格，在恩施抗疫一线坚持了 57 天。

蔡哲清、张宏的事迹是众多逆行出征的援鄂医疗队员的缩影。新冠疫情在武汉及整个湖北暴发，54 万名湖北省和武汉市医务人员同病毒短兵相接，率先打响了疫情防控遭遇战。但是，疫情发展迅速，湖北省和武汉市的医护力量严重短缺。一方有难，八方支援。346 支国家医疗队、4 万多名医务人员白衣为甲、逆行出征，给病毒肆虐的黑夜带来了光明，生死援救情景感天动地。人民军队医务人员牢记我军宗旨，视疫情为命令，召之即来，来之能战，战之能胜。广大医务人员以对人民的赤诚和对生命的敬佑，争分夺秒，连续作战，承受着身体和心理的极限压力，很多人脸颊被口罩勒出血痕甚至溃烂，很多人双手因汗水长时间浸泡发白，有的同志甚至以身殉职。广大医务人员用血肉之躯筑起阻击病毒的钢铁长城，挽救了一个又一个垂危生命，诠释了医者仁心和大爱无疆！

90

快递小哥感动中国

　　新冠疫情是百年来全球发生的最严重的传染病大流行，是新中国成立以来我国遭遇的传播速度最快、感染范围最广、防控难度最大的重大突发公共卫生事件。疫情肆虐，各行各业扛起责任，千千万万志愿者和普通人默默奉献。被称为"生命摆渡人"的快递小哥汪勇就是其中一位。他组建志愿者团队，在武汉疫情最严重的时期勇敢地承担起接送金银潭医院医务人员的重任。

　　2020 年初，湖北武汉顺丰快递员汪勇在一个微信群里得知医务人员有接送需求，休假在家的他决定为他们做些什么。第二天，汪勇早上 6 点就抵达金银潭医院，开启了接送医务人员之路。很快他就意识到即使自己再拼命，每天最多也只能接送六七十名医务人员。于是，他尝试建立医务服务群，在微信朋友圈发布消息招募志愿者，渐渐组建成了一支接送队伍，其中包括教师、警察、滴滴司机、物业人员等来自各行各业想贡献自己力量的人。

　　汪勇组建的车队大概 30 人，其中 7 个人长期接送金银潭医院的医务人员，在一段时间内基本可以满足当地医务人员的出行需求。但是，随着各地援鄂医疗队的不断到来，汪勇知道即使再扩大车队规模，也无法满足所有人的出行需求。于是，他又联系了当地共享单车、电动车、网约车等公司，在金银潭医院附近投放了400辆共享单车和电动车，拉动更多平台的力量为医务人员提供方便。

在逐步解决交通问题的同时，汪勇也尽力解决医务人员在生活上的困难。遭遇疫情的武汉，网购业务已经基本停滞，很多超市也都关门，就连买一双拖鞋都变得困难。面对这样的局面，汪勇和其他志愿者甚至找到了多家商户的仓库，直接购买生活必需品。那段时间，汪勇只要闲下来就会在医务人员所住的酒店观察他们需要什么，因为他们不会主动提，不想麻烦志愿者。细心的汪勇总能发现医务人员的需求，比如眼镜戴在护目镜里容易坏，指甲长了没有指甲刀……就这样，除了上下班接送，汪勇还帮助医务人员解决了很多一般人看不到的问题。

因为无私奉献、倾情付出，汪勇收获了很多荣誉，被评为"感动中国2020年度人物"。"没有人能百毒不侵，热血可以融化恐惧；没有人是生来的勇者，责任催促你重装上阵。八方统筹，百般服务。你以凡人之力，书写一段传奇。"颁奖词对其进行了崇高赞美。

91

38万公里之外的亲密"牵手"

2020年12月17日凌晨1时59分，嫦娥五号返回器携带月球样品安全着陆，探月工程嫦娥五号任务取得圆满成功。嫦娥五号任务创造了五项"中国首次"，一是在地外天体的采样与封装，二是地外天体上的点火起飞、精准入轨，三是月球轨道无人交会对接和样品转移，四是携带月球样品以近第二宇宙速度再入返回，五是建立我国月球样品的存储、分析和研究系统。

月球轨道无人交会对接，就像浩瀚太空中的"穿针引线"，嫦娥五号任务要在月球轨道上进行无人交会对接，此前世界上没有过先例。此次交会对接在距离地球38万公里之外的月球轨道，必须在规定时间内完成，若时间太长，则星上能源、热控将无法支撑。加上月球轨道每圈有1/3的时间位于月球背面，没有测控信号，以及月球上空没有卫星导航星座为飞行器导航，要精确预测两个航天器在月球轨道上飞行的位置和速度，达到交会对接所需的精度，对地面测控系统和导航控制技术都提出了很高要求。如果一次不成功，重新进行交会对接需要2—3天来组织，有很大风险错过月地转移的返程窗口。进入交会对接过程的近程自主控制阶段，地面人员只能"观棋不语"。由于月球轨道的交会对接精度要求是厘米级，地月之间的距离过于遥远，因此这一阶段的交会和对接过程将由航天器上的制导导航与控制系统智能自主完成，技术难度很大。

为了解决这一难题，中国航天科技集团八院研制团队创造性地研制出了抱爪式对接机构，配合采用棘爪式转移机构，在自动无人交会对接的同时，实现样品容器的自动转移，这一技术是世界首创，成就了嫦娥飞天采样返回中极为重要的一环。在此基础上，研制团队还构建了整机特性测试台、性能测试台、综合测试台、热真空试验台四大世界一流的地面测试系统，先后进行了 661 次对接测试、518 次样品转移测试，充分验证对接与样品转移机构地面试验的有效性。

北京时间 2020 年 12 月 6 日 5 时 42 分，嫦娥五号上升器成功与轨道器和返回器组合体交会对接，并于 6 时 12 分将样品容器安全转移至返回器中。我国首次成功实现月球轨道交会对接。

92

共同托举"嫦娥"飞天

中国探月工程自 2004 年立项以来，经过 20 年的攻坚努力，"一张蓝图绘到底"，"一条龙"攻关攻坚，"一盘棋"协同推进，"一体化"迭代提升，实现优异成绩。探月工程汇聚了全国数千家单位、数万名科技工作者，技术的每一次突破、工程的每一步跨越，都是团结协作的结果。

从嫦娥三号、玉兔号到嫦娥四号、玉兔二号，再到嫦娥五号、嫦娥六号，清晰地勾勒出中国人探月逐梦的协同足迹。其中，嫦娥五号的任务与探索极为复杂艰辛。嫦娥五号任务立项之初，在一次探测器方案评审时，有专家提出了反对意见："机构运动太多，环节也太多，每一个动作都是瓶颈式的风险点，一个环节不行，后面的都不行了。任务风险太大。"专家的意见，让负责探月工程的科研工作者感到压力巨大。中国航天此前从未有过如此复杂的任务，要经历 11 个重大阶段和关键环节，可谓环环相扣，步步惊心。

嫦娥五号探测器由 4 个部分组合而成，多器分工合作的状态造就了探测器在太空中不断分离组合、再分离再组合的变形过程，这在我国航天器中绝无仅有。

嫦娥一号卫星系统总指挥兼总设计师叶培建院士曾说："航天是

个系统工程,用万人一杆枪来形容毫不为过。"无论是白发苍苍的院士专家、伴随探月工程成长的科技领军人物,还是初出茅庐的科研"新兵",是他们共同伸出双手,托举"嫦娥"一次次成功飞天。

嫦娥五号任务成功后,习近平总书记在贺电中指出,嫦娥五号任务作为我国复杂度最高、技术跨度最大的航天系统工程,首次实现了我国地外天体采样返回。这是发挥新型举国体制优势攻坚克难取得的又一重大成就。

93

和平合作利用太空

　　嫦娥五号任务的成功，不仅让国人振奋，很多国际同行和友人也表示祝贺以及合作愿望。

　　在嫦娥五号发射和返回阶段，位于德国达姆施塔特的欧空局地面控制中心协调其跟踪站网络与合作单位的地面站，通过接收遥测信号对嫦娥五号实施追踪，并将相关数据传递给北京飞控中心，这一系列操作由比利格团队主导完成。作为提供技术支持的一线人员，比利格说："我认为这次任务取得了很大的成就，这么多年以来没有人做到过，完成此次任务就是向前迈进了一大步，所以我要表示祝贺，我们也很高兴能够参与其中。"

　　在嫦娥五号任务实施中，我国与欧空局、阿根廷、纳米比亚、巴基斯坦等国际组织和国家开展了测控领域的协同合作，邀请多国驻华使节和国际组织的官员到文昌现场观摩了发射，一些国家领导人、航天机构和部分国际组织负责人以及很多国际同行和友人，都以不同方式表示祝贺和赞誉，期待进一步合作。

　　一直以来，中国探月工程坚持和平利用、合作共赢的基本原则，主动开放部分资源，帮助搭载了多个国家的科学仪器设备，又将获得的宝贵原始探测数据向全世界开放，充分体现了大国担当。2016 年，法国国家空间研究中心研制的心血管监测设备"Cardiospace"，搭乘中国的天宫二号进入太空，监测宇航员在太空舱失重状态下的身体状况。2018年10月，双方共同研制和运营的第一颗科学卫星——中法海洋卫星成功发射。2024年5月，嫦娥六号搭载法国月球氡气探测仪发射升空。这是法国首个登月航天项目，也是中法首次探月合作。

2021年上半年，中国国家航天局和俄罗斯国家航天集团公司发表联合声明，宣布合作建设国际月球科研站。声明说，国际月球科研站将面向所有感兴趣的国家、国际组织和国际伙伴开放，在国际月球科研站的规划、论证、设计、研制、实施、运营等方面开展合作，并欢迎在项目的各个阶段，在任务的各个层级，以实物和非实物的形式参与国际月球科研站合作。

未来，中国的行星探测计划将向着月球、火星乃至更遥远的深空迈进，合作共赢将永远是中国航天为人类和平利用太空提供的中国方案。

94

"惊险"的攻关

　　茫茫太空看似无边无际，但由于人类的技术水平和开发运行成本的限制，适用于卫星导航的轨道和频率资源实际上是有限的。为了规范太空秩序，各国发射导航卫星之前必须向国际电信联盟申请各自的频段。

　　2000年，为建设北斗二号，我国向国际电信联盟申请新的太空频率资源。同年4月17日，国际电信联盟正式受理申请。6月5日，欧盟伽利略卫星导航系统也提出了申请。国际电信联盟批准了一小段频率供各国平等竞争，使用规则是从申请日期开始计算，7年内完成卫星发射入轨和信号接收，"先用先得""逾期作废"。这意味着，刚刚起步的北斗二号必须直面一场与时间的赛跑。

　　7年的发射期限倒计时开启，北斗人面临的是艰巨的科研攻关任务：美国的导航系统覆盖全球，是因为他们在全球建立了地面基站，而我国一时还无法解决在全球建立地面基站的问题；决定导航卫星定位精确度的原子钟技术也还没有攻克……

　　星载原子钟为导航卫星提供时间频率基准，是"心脏"般重要的核心部件，是决定卫星定位和授时精度的基础。本打算从欧洲引进核心器部件星载原子钟，然而国际合作道路却屡屡受限。这也坚定了北斗人坚持关键技术自主可控的决心，我国组织了三家单位同时着手攻关，终于攻克这项关键技术！

2007年4月8日，随着包括铷原子钟在内的许多技术难题被一一攻克，北斗二号首发星迎来了预定发射的日子！但在临近发射还有8天时，科研人员在最后一次对卫星和火箭进行联合检查时发现，卫星上的一台应答机出现了问题。应答机在整流罩里，如果要打开的话，8个螺栓都要松开很困难，把整流罩打开也很困难。此外，因为卫星在火箭的三级，把整流罩打开之后，还得把卫星的舱板掀开，卫星表面包了好多层，包括热控的一些东西都得扒掉才能把舱板露出来。时间非常紧迫，经过3天的慎重研判，应答机从卫星上被拆下，之后，经过72小时的修复和检测，问题得以彻底解决。不过，火箭发射的时间因此被推迟到了2007年4月14日。此时，距离我国申请的太空频率资源失效的日期仅仅相差3天时间。

2007年4月17日20时许，北京清晰地接收到来自这颗卫星的信号。那一刻，距离频率失效的最后期限4月17日24时已经不到4个小时。中国北斗在最后时刻拿到了进军全球卫星导航系统俱乐部的"入场券"。

95

打造北斗"朋友圈"

中国北斗不仅成为世界导航大家庭中的重要一员，还通过积极合作、主动担当，打造了自己的"朋友圈"。

为顺应多系统融合发展趋势，我国积极推进北斗系统与俄罗斯格洛纳斯、欧盟伽利略之间的兼容与互操作：中俄自卫星导航政府间合作协定生效以来，重大战略合作项目委员会有序推进多个合作项目，就两系统时间互操作达成共识；中欧之间也在持续深化频率协调。

近年来，随着服务能力的增强，北斗系统积极融入世界事务、履行国际职责，先后进入多个国际组织标准，国际民航组织认可北斗为全球卫星导航系统四大核心星座之一。支持北斗三号全球新信号的首个移动通信国际标准已发布，首个北斗船载终端检测标准已由国际电工委员会向全球公布，国际海事组织认可北斗系统为全球无线电导航系统，国际搜救组织正式宣布北斗系统加入国际中轨道卫星搜救系统……

2013 年，缅甸使用了 500 余台高精度北斗终端，这是北斗高精度产品首次在东南亚国家批量应用于农业数据采集、土地精细管理。2015 年，基于北斗系统的高精度接收机应用于科威特国家银行总部

300米高摩天大楼建设，实现了施工过程中垂直方向毫米级测量误差。这是北斗首次在海外应用于高层建筑监测。2018年，北斗系统参与马尔代夫阿拉赫岛海上打桩项目，提供全天候、高精度服务，实现海上打桩智能化监控、可视化作业、高精度施工。北斗系统还走进俄罗斯，西伯利亚电力巡线实现现场人员与管理中心双向互动，这可以及时发现设备缺陷和危及线路安全的隐患，保证输配电线路安全和电力系统稳定。北斗"驶入"欧洲，在中欧班列上，北斗终端装在集装箱上，可实时记录列车及货品的运行轨迹，定位精度10米以内，实现全程跟踪无缝中转。

和平利用太空，深入开展外空领域的国际合作交流，这是我国一贯坚持的主张。以北斗系统为代表的航天科技，正在为世界各国人民实现更加美好的未来、为推动构建人类命运共同体贡献中国力量。

96

"我在蒙古国建大桥"

蒙古国乌兰巴托市雅尔玛格互通立交桥，是中铁建安工程设计院有限公司首个正式实施的国际项目，位于乌兰巴托市中心通往蒙古国最大国际航空港和开发区的主干道。

2017年国庆假期的一天，中铁建安工程设计院有限公司桥梁工程设计师杨兆巍，作为设计团队代表从北京转机到达蒙古国，次日就奔赴工地查勘现场。10月的蒙古国寒风刺骨，沙尘弥漫，一会儿手就冻得握不住笔。杨兆巍克服困难，坚持记录。一连10天，杨兆巍将整个规划区域的地质、地形、地貌掌握得一清二楚。

在雅尔玛格立交桥设计中，杨兆巍等人大量运用了中国先进的桥梁设计技术。有一次，蒙方工程师对设计图纸采用的国内汽车荷载标准提出质疑。为了让他们信服，设计团队建立了同样的计算模型，把两种荷载分别按规定施加到计算模型上，经过实践计算对比，证实采用中国规范的荷载标准比蒙方当地规范的荷载标准要高很多。从此，蒙方工程师对中方的设计不再质疑，中国桥梁标准实现了在蒙古国落地。

图拉河被乌兰巴托市民称为"母亲河"，雅尔玛格立交桥主桥正好跨越这条河。为了减少对河流的污染，设计团队制定了环保专项实施方案，确保乌兰巴托 100 多万市民的生活用水水质不受影响。

　　杨兆巍等人还采用了中国标准设计了蒙古国最大的互通式立交桥——乌兰巴托交警局附近上跨立交桥。2019 年 9 月 16 日，该桥主桥通车，蒙古国领导人出席了通车典礼。按照中国标准设计、建造的大桥改善了当地的交通出行，体现了和平合作、开放包容、互学互鉴、互利共赢的丝路精神。

"鲁班工坊"智行世界

2018 年 7 月 20 日，"鲁班工坊铁院中心"在泰国大城技术学院揭牌成立，这座由天津铁道职业技术学院建立的培训中心，是中国在海外建立的第一个高铁类技术技能培训基地。这个朝气蓬勃的学院直接服务于中泰铁路建设项目，并根据当地铁路建设情况，设计了包含高铁动车组检修技术、铁道信号自动控制在内的两个专业。大城技术学院为此提供了 1000 多平方米的场地来进行实训基地的建设，实训设备的采购均来自国内。中国装备与中国技术并驾齐驱、涉海远航的愿景也正在成为现实。

为更好地服务"一带一路"倡议，天津职业教育以鲁班的"大国工匠"形象为依托，在泰国、印度、印尼等国家相继设立"鲁班工坊"，将天津作为国家现代职业教育改革创新示范区的优秀职业技术和职业文化，采用学历教育与职业培训的方式走出国门，与世界分享，搭建起天津职业教育与世界沟通的桥梁。

2016 年 3 月 8 日，天津渤海职业技术学院依托渤海化工集团在泰国大城技术学院建成我国首个"鲁班工坊"，全方位探索并初步形成输出职业教育优质资源、服务"一带一路"建设的有效路径。

2017 年 5 月 18 日，天津市第二商业学校依托天津食品集团在英国奇切斯特学院建立我国首家由中等职业学校输出的"鲁班工坊"，并将专业人才培养标准纳入英国国家职业资格框架体系，成功实现职业教育标准的境外输出与国际认证。

2017年12月12日，天津市东丽区职教中心依托行业企业在印尼东爪哇省波诺罗戈市职业学校建立印尼"鲁班工坊"，围绕汽车维修专业、智能制造、新能源技术、工程实践创新项目EPIP开展交流和学习，服务当地经济发展。

"鲁班工坊"的作用不仅仅是职业教育的单向输出。目前，泰国"鲁班工坊"已从最初的国外培训上升到两国学历教育的互认。自2016年起，泰国每年派出留学生及教师赴天津渤海职业技术学院学习。

智行四方的"鲁班工坊"，正在用自己的工匠品牌，将中国职业教育的发展成果与世界共享。

98

一个港口的"重生"

比雷埃夫斯港位于希腊首都雅典西南方向 12 公里处。比雷埃夫斯，是"扼守通道之地"的意思。该港南面地中海，北靠巴尔干半岛，是欧洲大陆地中海沿线距苏伊士运河至直布罗陀主航线最近的港口之一，陆上直通港区的铁路线延伸至中东欧腹地。得天独厚的区位优势使比雷埃夫斯港在地中海海域占有重要位置。

然而，10 多年前，因欧洲债务危机，希腊经济受到极大冲击，比雷埃夫斯港也经营惨淡，一度只有 12 座黄色的旧岸桥，途经的船舶改停其他港口，不少本地人不得不背井离乡，出国谋生。当时，世界上其他国家认为希腊不具有投资价值。秉持合作共赢的信念，中国企业向希腊基础设施领域进行了投资。随着中企的进入，比雷埃夫斯港逐渐焕发了生机。自 2008 年中企获得比雷埃夫斯港两个码头的特许经营权至今，比港逐渐走向复兴。

2016 年，中国远洋运输集团成功收购比雷埃夫斯港务局多数股权，积极应对原有不利局面，多管齐下，稳定运营、拓展市场、提升服务、降低成本。经过多年努力，港口终于扭亏为盈，吞吐能力不断增长，一跃成为地中海第一大港，成为全球发展最快的集装箱港口之一。繁忙的比港，给当地人带来满满的幸福感和获得感，也让当地人对中国充满感激。

2017 年 5 月 13 日，习近平主席在北京会见来华出席首届"一带一路"国际合作高峰论坛的希腊总理时表示，中希双方应该着力将比雷埃夫斯港打造成地中海地区重要的集装箱中转港、海陆联运桥头堡、国际物流分拨中心，为中欧陆海快线以及"一带一路"建设发挥重要支点作用。2019 年 11 月，习近平主席在希腊访问时不辞辛劳来到比雷埃夫斯港项目参观，对这一项目取得的成绩给予了高度评价。

如今，依托比港，中远海运开通了从比港发往中东欧的专列运输"中欧陆海快线"，货运时间比传统路线缩短 7—10 天。比港项目对希腊直接社会贡献超过 12 亿欧元。希腊是陆上丝绸之路与海上丝绸之路的交会点。比雷埃夫斯港是希腊最大港，被视为欧洲"南大门"。以比港为枢纽，丝绸之路经济带和 21 世纪海上丝绸之路以海铁联运的形式在欧洲实现了完美衔接。

责任编辑：王　淼

封面设计：王欢欢

版式设计：汪　莹

图书在版编目（CIP）数据

故事里的精神 / 李林宝编著 . -- 北京 ：人民
出版社，2025. 6. -- ISBN 978 - 7 - 01 - 026893 - 4

I. D261

中国国家版本馆 CIP 数据核字第 2024ME4952 号

故事里的精神

GUSHI LI DE JINGSHEN

李林宝　编著

人民出版社 出版发行

（100706　北京市东城区隆福寺街 99 号）

北京汇林印务有限公司印刷　新华书店经销

2025 年 6 月第 1 版　2025 年 6 月北京第 1 次印刷

开本：710 毫米 ×1000 毫米 1/16　印张：14.5

字数：164 千字

ISBN 978 - 7 - 01 - 026893 - 4　定价：66.00 元

邮购地址 100706　北京市东城区隆福寺街 99 号

人民东方图书销售中心　电话（010）65250042　65289539